BIBLIOTHÈQUE

D'UNE

MAISON DE CAMPAGNE.

TOME XVII.

DEUXIÈME LIVRAISON.

CHARLES XII.

HISTOIRE

DE

CHARLES XII.

TOME SECOND.

IMPRIMERIE DE LEBÉGUE.

HISTOIRE

DE

CHARLES XII,

ROI DE SUÈDE,

PAR VOLTAIRE.

TOME SECOND.

A PARIS,

CHEZ LEBÉGUE, IMPRIMEUR-LIBRAIRE,

RUE DES RATS, N° 14, PRÈS LA PLACE MAUBERT.

1820.

HISTOIRE

DE

CHARLES XII,

ROI DE SUÈDE.

LIVRE CINQUIÈME.

État de la Porte Ottomane. — Charles séjourne près de Bender. — Ses occupations; ses intrigues à la Porte; ses desseins. — Auguste remonte sur le trône. — Le roi de Danemarck fait une descente en Suède. — Tous les autres États de Charles sont attaqués. — Le Czar triomphe dans Moscou. — Affaire du Pruth. — Histoire de la Czarine, paysanne devenue impératrice.

Achmet III gouvernait alors l'empire de Turquie. Il avait été mis, en 1703, sur le trône, à la place de son frère Mustapha, par une révolution semblable à celle qui avait donné en Angleterre la couronne de Jacques II, à son gendre Guillaume. Mustapha, gouverné par son muphti, que les Turcs abhoraient, souleva contre lui tout l'Empire. Son armée, avec laquelle il comptait punir les mécontens, se joignit à eux. Il fut pris, déposé en cérémonie, et son frère tiré du sérail pour devenir Sultan, sans qu'il y eût presque une goutte de sang répandue. Achmet renferma le Sultan déposé dans le sérail de Constantinople, où il vécut encore quelques années, au grand étonnement de la Turquie, accoutumée à voir la mort de ses princes suivre toujours leur détrônement.

Le nouveau sultan, pour toute récompense d'une couronne qu'il devait aux ministres, aux généraux, aux officiers des janissaires, enfin à ceux qui avaient eu part à la révolution, les fit tous périr les uns après les autres, de peur qu'un jour ils n'en tentassent une seconde. Par le sacrifice de tant de braves gens, il affaiblit les forces de l'Empire ; mais il affermit son trône, du moins pour quelques années. Il s'appliqua depuis à amasser des trésors, c'est le premier des Ottomans qui ait osé altérer un peu la monnaie et établir de nouveaux impôts; mais il a été obligé de s'arrêter dans ces deux entreprises, de crainte d'un soulèvement; car la rapacité et la tyrannie du Grand-Seigneur ne s'étendent presque jamais que sur les officiers de l'Empire, qui, quels qu'ils soient, sont esclaves domestiques du Sultan; mais le reste des Musulmans vit dans une sécurité profonde, sans craindre ni pour leur vie, ni pour leur fortune, ni pour leur liberté.

Tel était l'Empereur des Turcs, chez qui le roi de Suède vint chercher un asile. Dès que Charles fut sur ses terres à Oczakou, il écrivit au Sultan la lettre suivante :

A très-haut, très-glorieux, invincible et auguste Empereur de plusieurs Empires, Roi de plusieurs Royaumes, chef et protecteur de plusieurs nations, puisse le Tout-Puissant bénir et prolonger votre règne.

Nous donnons avis à Votre Hautesse Impériale, par cette lettre signée de notre main royale, qu'après avoir châtié, avec autant de prospérité que de justice, les perfides violateurs de la foi des traités et de la loi des nations; après avoir chassé le roi Auguste de la Pologne, dont il était le tyran plutôt que le Roi, et avoir donné aux Polonais un Roi de leur nation, ami de votre Sublime Porte; après avoir poursuivi le Czar fuyant devant nous jusqu'à Pultava, le Ciel a permis que notre armée, fatiguée par de longues marches, et manquant de tout, ait été accablée par des ennemis qui étaient trois fois supérieurs en nombre, et que ce jour ait été malheureux pour nous.

N'étant point en lieu de ramasser de nouvelles forces, et abhorrant de tomber entre des mains barbares et perfides, nous sommes venus chercher dans les Etats de Votre Hautesse impériale un asile et les moyens de retourner en Pologne rejoindre nos armées, et y soutenir le Roi que nous y avons fait.

Ce que nous désirons, est d'avoir votre amitié, et de vous donner la nôtre. Pour preuve de notre sincère affection, nous vous remontrons que si le Czar, dont l'ambition n'est guidée ni par la justice, ni par le vrai courage, a le temps de profiter de notre malheur, il tombera sur vos terres quand vous l'attendrez le moins, comme il a attaqué nos provinces; Mais que dis-je! quand vous l'attendrez le moins? N'a-t-il pas déjà bâti des forts sur le Tanaïs, et sur les Palus Méotides? N'a-t-il pas déjà des flottes qui vous menacent?

Rien n'est plus convenable, pour le prévenir, qu'une nouvelle alliance entre votre Sublime Porte et nous; de sorte que nous puissions retourner en Pologne et dans nos Etats avec vos vaillantes troupes, et porter encore nos armes dans l'Empire de ce perfide Czar, pour arrêter son injuste ambition.

Nous n'oublierons jamais les faveurs que nous aurons reçues de vous, et nous ferons gloire d'être inviolablement votre fidèle ami,

CHARLES XII,

FILS DE CHARLES XI.

A Oczakou, le 13 juillet 1709.

Le Roi permit qu'on fît partir cette lettre trop injurieuse à ses ennemis, et qui démentait son caractère, soit qu'après avoir respecté le Czar et le roi Auguste dans ses victoires, il fût aigri dans sa défaite, soit qu'il crût que le style turc est d'outrager ceux contre lesquels on demande du secours.

Achmet, qui l'avait prévenu par une ambassade dans le temps de ses triomphes, lui fit sentir alors la différence qu'il mettait entre un Empereur des Turcs et un Roi d'une partie de la Scandinavie, chrétien, vaincu, et fugitif. Il ne lui fit réponse que six mois après; mais sans s'expliquer sur l'union proposée contre le Czar.

Cette proposition, lui écrivit le Sultan, *demande un mûr examen. Je m'en rapporterai à la prudence de mon grand Divan. J'estime votre amitié, et je vous accorde la mienne avec ma protection. J'ai envoyé mes ordres aux pachas de Natolie et de Romelie, afin de vous fournir une escorte pour vous conduire sûrement où vous souhaiterez. Jussuf pacha, serasquier de Bender, vous fournira cinq cents dollars par jour, avec toutes les provisions nécessaires pour vous, pour tous ceux qui vous accompagnent et pour vos écuries, afin que vous puissiez subsister en Roi.*

Donné à Constantinople, le premier de la lune de Scheval 1121 de l'Egire.

Charles, dès le moment qu'il s'était retiré sur les terres des Turcs, n'était plus qu'un captif honorablement traité; cependant il concevait le dessein d'armer l'empire Ottoman contre ses ennemis. Il se flattait déjà de se voir à la tête d'une armée de Turcs, ramenant la Pologne sous le joug, et soumettant le

Moscovite. M. de Neugbaver partit d'Oczakou, pour Constantinople, en qualité d'envoyé extraordinaire de Charles. Le comte Poniatowsky, homme aussi habile qu'intrépide, insinuant, souple, né avec le don de persuader, et de plaire à toutes les nations, accompagna l'ambassade suédoise, pour sonder en secret les dispositions du ministère de Constantinople, sans l'embarras du cérémonial, et sans trop causer de soupçons. Il sut gagner en peu de temps la bienveillance du grand-visir, qui le combla de présens; il eut l'adresse de faire tenir une lettre du roi de Suède à la Sultane Validé, mère de l'Empereur régnant, autrefois maltraitée par son fils, mais qui commençait à prendre du crédit dans le sérail. Il se lia étroitement avec un Français nommé Bru, qui avait été chancelier de l'ambassade française. Cet homme ne cessait de raconter les exploits du roi de Suède au chef des eunuques de la Sultane ; celui-ci charmait sa maîtresse par ces récits. La Sultane, par une secrète inclination, dont presque toutes les femmes se sentent surprises en faveur des hommes extraordinaires, même sans les avoir vus, prenait hautement dans le sérail le parti de ce prince. Elle ne l'appelait que son lion. *Quand voulez-donc*, disait-elle quelquefois au Sultan, son fils, *aider mon lion à dévorer ce Czar?* Elle passa même pardessus les lois austères du sérail, au point d'écrire de sa main plusieurs lettres au comte Poniatowsky, entre les mains duquel elles sont encore, au temps qu'on écrit cette histoire, et que M. de Poniatowsky même m'a promis de m'envoyer. Un de ceux qui secondèrent le plus adroitement les desseins de Poniatowsky, fut le médecin Fonseca, Portugais juif, que j'ai fort connu à Paris, établi à Constantinople, homme savant et délié, qui joignait la connaissance des hommes à celle de son art, et dont la profession lui procurait des entrées à la Porte-Ottomane, et souvent la confiance des visirs.

Enfin, le parti du roi de Suède était devenu si puissant à Constantinople, par l'adresse de Poniatowsky, que la faction de l'envoyé moscovite crut qu'il n'y avait d'autre ressource pour elle que de l'empoisonner. On gagna un de ses domestiques qui devait lui donner le poison dans du café ; le crime fut découvert avant l'exécution; on trouva le poison entre les mains du domestique dans une petite fiole que l'on porta au Grand-Seigneur. L'empoisonneur fut jugé en plein Divan, et condamné aux galères, parce que la justice des Turcs ne punit jamais de mort les crimes qui n'ont pas été exécutés.

Le grand-visir paraissait aussi empressé que la sultane Validé à servir le roi de Suède ; il dit à Poniatowsky, en lui donnant une bourse de mille ducats. Je prendrai votre Roi d'une main, et, une épée dans l'autre, je le conduirai à Moscou, à la tête de deux cent mille hommes. Ce visir, nommé Chourlouly Aly-Bacha, était un très-grand-ministre, entendant la guerre, meilleur politique que ne le sont d'ordinaire ses semblables. Il avait mis un grand ordre dans les finances de l'Empire. Il donnait volontiers de petites sommes, ce qui lui faisait des créatures; mais il en recevait encore plus volontiers de grosses, quand il s'agissait de négociations importantes ; c'est pourquoi on s'étonnait qu'il parût si favorable à un Roi malheureux qui avait alors peu à donner. Il était fils d'un paysan du village de Chourlou ; parmi les Turcs, ce n'est point un reproche pour un grand homme qu'une telle extraction ; la naissance est comptée pour rien dans ce pays : les services y sont censés tout faire. Il n'est pas rare d'y voir le fils d'un laboureur élevé au ministère, et le fils d'un visir mener la charrue.

Cependant on avait conduit le Roi avec honneur à Bender, par le désert qui s'appelait autrefois la solitude des Gètes. Les Turcs eurent soin que rien ne manquât, sur sa route, de tout ce qui pouvait rendre son voyage plus agréable. Beaucoup de Polonais, de Suédois, de Cosaques, échappés les uns après les autres des mains des Moscovites, venaient, par différens chemins, grossir sa suite sur la route. Il avait avec lui dix-huit cents hommes, quand il se trouva à Bender; tout ce monde était nourri, logé, eux et leurs chevaux, aux dépens du Grand-Seigneur.

Le Roi voulut camper auprès de Bender, au lieu de demeurer dans la ville. Le sérasquier Jussuf bacha lui fit dresser une tente magnifique, et on en fournit à tous les seigneurs de sa suite. Quelque temps après, le prince se fit bâtir une maison dans cet endroit, ses officiers en firent autant à son exemple: les soldats dressèrent des baraques; de sorte que ce camp devint insensiblement une petite ville. Le Roi n'étant point encore guéri de sa blessure, il fallut lui tirer du pied un os carié; mais dès qu'il put monter à cheval, il reprit ses fatigues ordinaires; toujours se levant avant le soleil, lassant trois chevaux par jour, faisant faire l'exercice à ses soldats; seulement il jouait quelquefois aux échecs avec le général Poniatowsky, ou Grothusen son trésorier. Ceux qui voulaient lui plaire, l'accompagnaient dans ses courses à cheval, et étaient en bottes tout le jour. Un matin qu'il entrait chez son chancelier Mulern, qui était encore endormi, il défendit qu'on l'éveillât, et attendit dans l'antichambre. Il y avait un grand feu dans la cheminée, et quelques paires de souliers auprès, que Mulern avait fait venir d'Allemagne pour son usage; le Roi les jeta tous dans le feu et s'en alla. Quand le chancelier sentit, à son réveil, l'odeur du cuir brûlé, et en apprit la raison : « Voilà un étrange « Roi, dit-il, dont il faut que le chan- « celier soit toujours botté ! »

Il se trouvait à Bender dans une abondance de toutes choses, bien rare pour un prince vaincu et fugitif; car outre les provisions plus que suffisantes, et les cinq cents écus par jour qu'il recevait de la magnificence ottomane, il tirait encore de l'argent de la France, et il empruntait des marchands de Constantinople. Une partie de cet argent servit à ménager des intrigues dans le sérail, à acheter la faveur des visirs, ou à procurer leur perte. Il répandait l'autre partie avec profusion parmi ses officiers et les janissaires qui lui servaient de gardes à Bender. Grothusen, son favori et son trésorier, était le dispensateur de ses libéralités : c'était un homme qui, contre l'usage de ceux qui sont en cette place, aimait autant à donner que son maître. Il lui apporta un jour un compte de soixante mille écus, en deux lignes : dix mille écus donnés aux Suédois et aux janissaires par les ordres généreux de Sa Majesté, et le reste mangé par moi. « Voilà « comme j'aime que mes amis me ren- « dent leurs comptes, dit ce prince : « Mullern me fait lire des pages entières « pour des sommes de dix mille francs. « J'aime mieux le style laconique de « Grothusen. » Un de ses vieux officiers, soupçonné d'être un peu avare, se plaignit à lui de ce que Sa Majesté donnait tout à Grothusen : « Je ne donne de l'argent, répondit le Roi, qu'à ceux qui savent en faire usage. » Cette générosité le réduisit souvent à n'avoir pas de quoi donner. Plus d'économie dans ses libéralités eût été aussi honorable, et plus utiles; mais c'était le défaut de ce prince, de pousser à l'excès toutes les vertus.

Beaucoup d'étrangers accouraient de Constantinople pour le voir. Les Turcs, les Tartares du voisinage y venaient en foule, tous le respectaient et l'admiraient. Son opiniâtreté à s'abstenir du vin, et sa régularité à assister deux fois par jour aux prières publiques, leur faisaient dire: *c'est un vrai Musulman*. Ils brûlaient d'impatience de marcher avec lui à la conquête de la Moscovie.

Dans ce loisir de Bender, qui fut plus long qu'il ne pensait, il prit insensiblement du goût pour la lecture. Le baron Fabrice, gentilhomme du duc de Holstein, jeune homme aimable, qui avait dans l'esprit cette gaîté et ce tour aisé qui plaît aux princes, fut celui qui l'engagea à lire. Il était envoyé auprès de lui à Bender pour y ménager les intérêts du jeune duc de Holstein, et il y réussit en se rendant agréable. Il avait lu tous les bons auteurs français. Il fit lire au Roi les tragédies de Pierre Corneille, celles de Racine, et les ouvrages de Despreaux. Le Roi ne prit nul goût aux satires de ce dernier, qui en effet ne sont pas ses meilleures pièces; mais il aimait fort ses autres écrits. Quand on lui lut ce trait de la satire huitième, où l'auteur traite Alexandre de fou et d'enragé, il déchira le feuillet.

De toutes les tragédies françaises, Mithridate était celle qui lui plaisait davantage, parce que la situation de ce Roi vaincu et respirant la vengeance, était conforme à la sienne. Il montrait avec le doigt, à M. Fabrice, les endroits qui le frappaient; mais il n'en voulait lire aucun tout haut, ni hasarder jamais un mot en français. Même quand il vit depuis à Bender M. Desaleurs, ambassadeur de France à la Porte, homme d'un mérite distingué, mais qui ne savait que sa langue naturelle, il répondit à cet ambassadeur en latin; et sur ce que M. Desaleurs protesta qu'il n'entendait pas quatre mots de cette langue, le Roi, plutôt que de parler français, fit venir un interprête.

Telles étaient les occupations de Charles XII, à Bender, où il attendait qu'une armée de Turcs vînt à son secours. Pour déterminer la Porte-Ottomane à cette guerre, il détacha environ huit cents Polonais et Cosaques de sa suite, auxquels il ordonna de passer le Niester, qui coule près de Bender, et d'aller observer ce qui se passait sur les frontières de Pologne.

Les troupes moscovites répandues dans ces quartiers-là, ne manquèrent pas de fondre sur cette petite troupe, et de la poursuivre jusque sur les Etats du Grand-Seigneur : c'était ce qu'attendait le roi de Suède. Ses ministres et ses émissaires à la Porte crièrent contre cette irruption, et excitèrent les Turcs à la vengeance; mais l'argent du Czar surmonta tout. Tolstoy, son envoyé à Constantinople, donna au grand-visir et à ses créatures une partie des six millio s que l'on avait trouvés à Pultava dans la caisse militaire du roi de Suède. Avec une pareille justification, le divan ne trouva point le Czar coupable. Loin même de parler de lui faire la guerre, on accorda à son envoyé des honneurs et des priviléges, dont les ministres moscovites n'avaient point encore joui à Constantinople: on lui permit d'avoir un sérail, c'est-à-dire, un palais dans le quartier des Francs, et de communiquer avec les ministres étrangers. Le Czar crut même pouvoir demander qu'on lui livrât le général Mazeppa, comme Charles XII s'était fait livrer le malheureux Patkul. Chourlouly ali-bacha ne savait plus rien refuser à un prince qui demandait en donnant des millions ; ainsi ce même grand-visir, qui auparavant avait promis solennellement de mener le roi de Suède en Moscovie avec deux cent mille hommes, osa bien lui faire proposer de consentir au sacrifice du général Mazeppa. Charles fut outré de cette demande. On ne sait jusqu'où le visir eût poussé l'affaire, si Mazeppa, âgé de soixante et dix ans, ne fût mort précisément dans cette conjoncture. La douleur et le dépit du Roi augmentèrent, quand il apprit que Tolstoy, devenu l'ambassadeur du Czar à la Porte, était publiquement servi par des Suédois faits esclaves à Pultava ; et qu'on vendait tous les jours ces braves soldats dans le marché de Constantinople. L'ambassadeur moscovite disait même hautement que les troupes musulmanes qui étaient à Bender, y étaient plus pour s'assurer du Roi, que pour lui faire honneur.

Charles, abandonné par le grand-visir, vaincu par l'argent du Czar en Turquie, après l'avoir été par ses armes dans l'Ukraine, se voyait trompé, dédaigné par la Porte, presque prisonnier parmi des Tartares. Sa suite commençait à se désespérer. Lui seul tint ferme, et ne parut pas abattu un moment; il crut que le Sultan ignorait les intrigues de Chourlouly ali, son grand-visir : il résolut de les lui apprendre, et Poniatowsky se chargea de cette commission hardie. Le Grand-Seigneur va tous les vendredis à la Mosquée, entouré de ses solaks, espèces de gardes, dont les turbans sont ornés de plumes si hautes, qu'elles dérobent le Sultan à la vue du peuple. Quand on a quelque placet à présenter au Grand-Seigneur, on tâche de se mêler parmi ces gardes, et on lève en haut le placet. Quelquefois le Sultan daigne le prendre lui-même; mais le plus souvent il ordonne à un aga de s'en charger, et se fait ensuite représenter les placets au sortir de la mosquée. Il n'est pas à craindre qu'on ose l'importuner de mémoires inutiles, et de placets sur des bagatelles, puisqu'on écrit moins à Constantinople en toute une année, qu'à Paris en un seul jour. On se hasarde encore moins à présenter des mémoires contre les ministres, à qui, pour l'ordinaire, le Sultan les renvoie sans les lire. Poniatowsky n'avait que cette voie pour faire passer jusqu'au Grand-Seigneur les plaintes du roi de Suède. Il dressa un mémoire accablant contre le grand-visir. M. de Fériol, alors ambassadeur de France, et qui m'a conté le fait, fit traduire le mémoire en turc. On donna quelque argent à un Grec pour le présenter. Ce Grec s'étant mêlé parmi les gardes du Grand Seigneur, leva le papier si haut, si long-temps, et fit tant de bruit, que le Sultan l'aperçut, et prit lui-même le mémoire.

Quelques jours après, le Sultan envoya au roi de Suède, pour toute réponse à ses plaintes, vingt-cinq chevaux arabes, dont l'un, qui avait porté Sa Hautesse, était couvert d'une selle et d'une housse enrichies de pierreries, avec des étriers d'or massif. Ce présent fut accompagné d'une lettre obligeante, mais conçue en termes généraux, et qui faisait soupçonner que le ministre n'avait rien fait que du consentement du Sultan. Chourlouly, qui savait dissimuler, envoya aussi cinq chevaux très-rares au Roi. Charles dit fièrement à celui qui les amenait : *Retournez vers votre maître, et dites-lui que je ne reçois point de présens de mes ennemis.*

M. Poniatowsky ayant déjà osé faire présenter un mémoire contre le grand-visir, conçut alors le hardi dessein de le faire déposer. Il savait que ce visir déplaisait à la sultane mère, que le kislar-aga chef des eunuques noirs, et l'aga des janissaires le haïssaient : il les excita tous trois à parler contre lui. C'était une chose bien surprenante de voir un chrétien, un Polonais, un agent sans caractère d'un roi suédois réfugié chez les Turcs, cabaler presque ouvertement à la *Porte* contre un vice-roi de l'empire ottoman, qui de plus était utile et agréable à son maître. Poniatowsky n'eût jamais réussi, et l'idée seule du projet lui eût coûté la vie, si une puissance plus forte que toutes celles qui étaient dans ses intérêts, n'eût porté les derniers coups à la fortune du grand-visir Chourlouly.

Le Sultan avait un jeune favori, qui a depuis gouverné l'empire Ottoman, et a été tué en Hongrie, en 1716, à la bataille de Peter-Varadin, gagnée sur les Turcs par le prince Eugène de Savoie. Son nom était Coumourgi ali-bacha. Sa naissance n'était guère différente de celle de Chourlouly : il était fils d'un porteur de charbon, comme Coumourgi le signifie ; car Coumour veut dire charbon, en Turc. L'empereur Achmet II, oncle d'Achmet III, ayant rencontré dans un petit bois près d'Andrinople, Coumourgi encore enfant, dont l'extrême beauté le frappa, le fit conduire dans son sérail. Il plut à Mustapha, fils aîné et successeur de Mahomet. Achmet III en fit son favori. Il n'avait alors que la charge de selictar-aga, porte-épée de la couronne. Son extrême jeunesse ne lui permettait pas de prétendre à l'emploi de grand-visir ; mais il avait l'ambition d'en faire. La faction de Suède ne put jamais gagner l'esprit de ce favori. Il ne fut, en aucun temps, l'ami de Charles, ni d'aucun prince chrétien, ni d'aucun de leurs ministres; mais, en cette occasion, il servait le roi Charles XII sans le vouloir. Il s'unit avec la sultane Validé et les grands offitiers de la Porte, pour faire tomber Chourlouly qu'ils haïssaient tous. Ce vieux ministre, qui avait long-temps et bien servi son maître, fut la victime du caprice d'un enfant, et des intrigues d'un étranger. On le dépouilla de sa dignité et de ses richesses : son lui ôta sa femme, qui était fille du dernier sultan Mustapha, et il fut relégué à Caffa, autrefois Théodosie, dans la Tartarie Crimée. On donna le bul, c'est-à-dire le sceau de l'empire, à Numan Couprougly, petit-fils du grand Couprougly qui prit Candie. Ce nouveau visir était tel que les chrétiens mal instruits ont peine à se figurer un Turc : homme d'une vertu inflexible, scrupuleux observateur de la loi, il opposait souvent la justice aux volontés du Sultan. Il ne voulut point entendre parler de la guerre contre le Moscovite, qu'il traitait d'injuste et d'inutile ; mais le même attachement à sa loi qui l'empêchait de faire la guerre au Czar, malgré la foi des traités, lui fit respecter les devoirs de l'hospitalité envers le roi de Suède. Il disait à son maître : « La « loi te défend d'attaquer le Czar qui ne « t'a point offensé ; mais elle t'ordonne « de secourir le roi de Suède qui est « malheureux chez toi. » Il fit tenir à ce prince huit cents bourses, une bourse vaut cinq cents écus, et lui conseilla de s'en retourner paisiblement dans ses États par les terres de l'empereur d'Allemagne, ou par des vaisseaux Français, qui étaient alors au port de Constantinople, et que M. de Fériol, ambassadeur de France à la Porte, offrait à Charles pour le transporter à Marseille. Le roi de Suède, qui dans ses prospérités avait outragé l'empereur allemand, et désobligé Louis XIV aurait cru trop risquer sa liberté en passant sur les terres de l'Empire. Il refusa avec hauteur ces deux voies de retourner dans ses États, et fit dire au visir et à M. de Fériol qu'il s'en tenait à la promesse du Grand-Seigneur, et qu'il espérait rentrer en Pologne en vainqueur avec une armée de Turcs. Tandis qu'il faisait dépendre sa destinée des caprices d'un visir, et qu'il était réduit à recevoir des bienfaits et des affronts de la Cour ottomane, tous ses ennemis réveillés attaquaient ses États.

La bataille de Pultava fut d'abord le signal d'une révolution dans la Pologne. Le roi Auguste y retourna, protestant contre son abdication, contre la paix d'Alt-Rantstadt, et accusant publiquement de brigandage et de barbarie Charles XII, qu'il ne craignait plus. Il mit en prison Fingstein et Imhof, ses plénipotentiaires, qui avaient signé son abdication, comme s'ils avaient en cela passé leurs ordres et trahi leur maître. Ses troupes saxonnes qui avaient été le prétexte de son détrônement, le ramenèrent à Varsovie, accompagné de la plupart des palatins polonais, qui lui ayant autrefois juré fidélité, avaient fait depuis les mêmes sermens à Stanislas, et revenaient en faire de nouveaux à Auguste. Siniawsky même entra dans son parti; et perdant l'idée de se faire roi, se contenta de rester grand-général de la couronne. Flemming, son premier ministre, qui avait été obligé de quitter pour un temps la Saxe, de peur d'être livré avec Patkul, contribua alors, par son adresse, à ramener à son maître une grande partie de la noblesse polonaise.

Le Pape releva ces peuples du serment de fidélité qu'ils avaient fait à Stanislas. Cette démarche du saint père faite à propos, et appuyée des forces d'Auguste, fut d'un assez grand poids: elle affermit le crédit de la Cour de Rome en Pologne, où l'on n'avait nulle envie de contester alors aux premiers pontifes le droit chimérique de se mêler du temporel des Rois. Chacun retournait volontiers sous la domination d'Auguste, et recevait sans répugnance une absolution inutile que le nonce ne manqua pas de faire valoir comme nécessaire.

La puissance de Charles et la grandeur de la Suède touchèrent alors à leur dernier période. Plus de dix têtes couronnées voyaient depuis long-temps avec crainte et avec envie la domination suédoise s'étendant loin de ses bornes naturelles au-delà de la mer Baltique, depuis la Duna jusqu'à l'Elbe. La chute de Charles et son absence réveillèrent les intérêts et les jalousies de tous ces princes, assoupies long-temps par des traités, et par l'impuissance de les rompre.

Le Czar, plus puissant qu'eux tous ensemble, profitant d'abord de sa victoire, prit Vibourg et toute la Carélie, inonda la Finlande de troupes, mit le siége devant Riga, et envoya un corps d'armée en Pologne pour aider Auguste à remonter sur le trône. Cet Empereur était alors ce que Charles avait été autrefois, l'arbitre de la Pologne et du nord; mais il ne consultait que ses intérêts, au lieu que Charles n'avait jamais écouté que ses idées de vengeance et de gloire. Le monarque suédois avait secouru ses alliés et accablé ses ennemis, sans exiger le moindre fruit de ses victoires; le Czar, se conduisant plus en prince, et moins en héros, ne voulut secourir le roi de Pologne qu'à condition qu'on lui céderait la Livonie, et que cette province, pour laquelle Auguste avait allumé la guerre, resterait aux Moscovites pour toujours.

Le roi de Danemarck, oubliant le traité de Travendal, comme Auguste celui d'Alt-Rantstadt, songea dès-lors à se rendre maître des duchés de Holstein et de Brême, sur lesquels il renouvela ses prétentions. Le roi de Prusse avait d'anciens droits sur la Poméranie suédoise, qu'il voulait faire revivre. Le duc de Meckelbourg voyait avec dépit que la Suède possédât encore Vismar, la plus belle ville du duché : ce prince devait épouser une nièce de l'empereur moscovite; et le Czar ne demandait qu'un prétexte pour s'établir en Allemagne, à l'exemple des Suédois. George, électeur de Hanovre, cherchait de son côté à s'enrichir des dépouilles de Charles. L'évêque de Munster aurait bien voulu faire aussi valoir quelques droits, s'il en avait eu le pouvoir.

Douze à treize mille Suédois défendaient la Poméranie et les autres pays que Charles possédait en Allemagne : c'était là que la guerre allait se porter. Cet orage alarma l'Empereur et ses alliés. C'est une loi de l'Empire, que quiconque attaque une de ses provinces, est réputé l'ennemi de tout le corps germanique.

Mais il y avait encore un plus grand embarras. Tous ces princes, à la réserve du Czar, étaient réunis alors contre Louis XIV, dont la puissance avait été quelque temps aussi redoutable à l'empire que celle de Charles.

L'Allemagne s'était trouvée au commencement du siècle, pressée du midi au nord, entre les armées de la France et de la Suède. Les Français avaient passé le Danube, et les Suédois l'Oder; si leurs forces, alors victorieuses, s'étaient jointes, l'empire eût été perdu. Mais la même fatalité qui accabla la Suède, avait aussi humilié la France: toutefois la Suède avait encore des ressources, et Louis XIV faisait la guerre avec vigueur, quoique malheureusement. Si la Poméranie et le duché de Brême devenaient le théâtre de la guerre, il était à craindre que l'Empire n'en souffrît, et qu'étant affaibli de ce côté, il n'en fût moins fort contre Louis XIV. Pour prévenir ce danger, l'Empereur, les princes d'Allemagne, Anne, reine d'Angleterre, les États-généraux des Provinces-Unies, conclurent à la Haye, sur la fin de l'année 1709, un des plus singuliers traités que jamais on ait signés.

Il fut stipulé par ces puissances, que la guerre contre les Suédois ne se ferait point en Poméranie, ni dans aucune des provinces de l'Allemagne, et que les ennemis de Charles XII pourraient l'attaquer partout ailleurs. Le roi de Pologne et le Czar accédèrent eux-mêmes à ce traité; ils y firent insérer un article aussi extraordinaire que le traité même: ce fut que les douze mille Suédois qui étaient en Poméranie, n'en pourraient sortir pour aller défendre leurs autres provinces.

Pour assurer l'exécution de ce traité,

on proposa d'assembler une armée conservatrice de cette neutralité imaginaire. Elle devait camper sur le bord de l'Oder; c'eût été une nouveauté singulière qu'une armée levée pour empêcher une guerre; ceux même qui devaient la soudoyer, avaient pour la plupart beaucoup d'intérêt à faire cette guerre qu'on prétendait écarter; le traité portait qu'elle serait composée de troupes de l'Empereur, du roi de Prusse, de l'électeur de Hanovre, du landgrave de Hesse, de l'évêque de Munster.

Il arriva ce qu'on devait naturellement attendre d'un pareil projet; il ne fut point exécuté: les princes qui devaient fournir leur contingent pour lever cette armée, ne donnèrent rien: il n'y eut pas deux régimens formés: on parla beaucoup de neutralité, personne ne la garda; et tous les princes du nord qui avaient des intérêts à démêler avec le roi de Suède, restèrent en pleine liberté de se disputer les dépouilles de ce prince.

Dans ces conjonctures, le Czar, après avoir laissé ses troupes en quartier dans la Lithuanie, et avoir ordonné le siége de Riga, s'en retourna à Moscou étaler à ses peuples un appareil aussi nouveau que tout ce qu'il avait fait jusqu'alors dans ses Etats; ce fut un triomphe tel à-peu-près que celui des anciens Romains. Il fit son entrée dans Moscou, le premier janvier 1710, sous sept arcs triomphaux dressés dans les rues, ornées de tout ce que le climat peut fournir, et de ce que le commerce florissant par ses soins y avait pu apporter. Un régiment des gardes commençait la marche, suivi des pièces d'artillerie prises sur les Suédois à Lesno et à Pultava : chacune était traînée par huit chevaux couverts de housses d'écarlatte pendantes à terre; ensuite venaient les étendards, les timbales, les drapeaux gagnés à ces deux batailles, portés par les officiers et par les soldats qui les avaient pris; toutes ces dépouilles étaient suivies des plus belles troupes du Czar. Après qu'elles eurent défilé, on vit sur un char, fait exprès, paraître le brancard de Charles XII, trouvé sur le champ de bataille de Pultava, tout brisé de deux coups de canon; derrière ce brancard marchaient deux à deux tous les prisonniers; on y voyait le comte Piper, premier ministre de Suède, le célèbre maréchal Renschild, le comte de Levenhaupt, les généraux Slipenback, Stakelberg, Hamilton, tous les officiers et les soldats qu'on dispersa depuis dans la grande Russie. Le Czar paraissait immédiatement après eux sur le même cheval qu'il avait monté à la bataille de Pultava; à quelques pas de lui on voyait les généraux qui avaient eu part au succès de cette journée. Un autre régiment des gardes venait ensuite ; les chariots de munitions des Suédois fermaient la marche.

Cette pompe passa au bruit de toutes les cloches de Moscou, au son des tambours, des timbales, des trompettes, et d'un nombre infini d'instrumens de musique, qui se faisaient entendre par reprises, avec les salves de deux cents pièces de canon, et les acclamations de cinq cents mille hommes qui s'écriaient : *Vive l'Empereur notre père*, à chaque pause que faisait le Czar dans cette entrée triomphale.

Cet appareil imposant augmenta la vénération de ses peuples pour sa personne : tout ce qu'il avait fait d'utile en leur faveur, le rendait peut-être moins grand à leurs yeux. Il fit cependant continuer le blocus de Riga ; ses généraux s'emparèrent du reste de la Livonie, et d'une partie de la Finlande. En même temps, le roi de Danemarck vint, avec toute sa flotte, faire une descente en Suède : il y débarqua dix-sept mille hommes qu'il laissa sous la conduite du comte de Reventlau.

La Suède était alors gouvernée par une régence composée de quelques sénateurs, que le Roi établit quand il partit de Stockholm. Le corps du sénat qui croyait que le gouvernement lui appartenait de droit, était jaloux de la régence : l'État souffrit de ces divisions; mais quand après la bataille de Pultava, la première nouvelle qu'on apprit dans Stockholm, fut que le Roi était à Bender à la merci des Tartares et des Turcs, et que les Danois étaient descendus en Scanie, où ils avaient pris la ville d'Helsimbourg, alors les jalousies cessèrent, on ne songea qu'à sauver la Suède. Elle commençait à être épuisée de troupes réglées; car quoique Charles eût toujours fait ses grandes expéditions à la tête de petites armées, cependant les combats innombrables qu'il avait livrés pendant neuf années, la nécessité de recruter continuellement ses troupes, d'entretenir ses garnisons, et les corps d'armée qu'il fallait toujours avoir sur pied, dans la Finlande, dans l'Ingrie, la Livonie, la Poméranie, Brême, Verden; tout cela avait coûté à la Suède, pendant le cours de la guerre, plus de deux cent cinquante mille soldats; il ne restait pas huit mille hommes d'anciennes troupes, qui, avec les milices nouvelles, étaient les seules ressources de la Suède.

Le roi Charles XI, parmi plusieurs lois qui l'avaient fait accuser de tyrannie, en avait établi quelques-unes qui pouvaient lui mériter la reconnaissance de sa patrie. Il forma entr'autres une milice qui subsiste encore aujourd'hui, laquelle n'est ni à charge au trésor public ni trop onéreuse aux particuliers, et qui fournit toujours des soldats à l'Etat, sans ôter des laboureurs aux campagnes. Les plus riches villages ou seigneuries qui étaient anciennement, ou qui sont encore du domaine du Roi, entretiennent à leurs frais un cavalier. Les paysans de chaque village fournissent un fantassin, à proportion de leurs revenus : c'est-à-dire qu'il faut avoir un certain bien, comme dix ou douze mille francs, pour être obligé d'équiper un soldat d'infanterie : le paysan qui n'a que cinq ou six mille livres se joint à un autre qui en a autant; s'il n'en a que trois mille, il contribue pour sa part avec plusieurs autres, et tous ensemble fournissent un homme à l'Etat.

Si le revenu de tout le village entier ne produit que dix mille livres, le village ne donne qu'un homme. A la mort du soldat, ceux qui l'avaient donné le remplacent ; ainsi le nombre des milices est toujours le même qu'il a été une fois réglé par les états-généraux. Les paysans font bâtir au soldat qu'ils entretiennent, une maison ou une cabane, et lui assignent, pour lui et pour sa famille, une portion de terre qu'il est obligé de cultiver. Ces soldats distribués par village, se rassemblent à jour marqué dans le principal bourg du canton, sous la conduite de leurs officiers qui sont payés par le trésor public.

Dans les provinces bien peuplées, chaque village a son caporal, qui exerce sa troupe une fois la semaine. Le sergent, chargé d'un plus grand district, voit la sienne tous le quinze jours; et ainsi de grade en grade jusqu'au colonel, qui fait la revue de son régiment de milice tous les trois mois.

La Suède fut ainsi une pépinière de soldats pendant les guerres de Charles XII. La nation est née belliqueuse, et tout peuple prend insensiblement le génie de son Roi. On ne s'entretenait d'un bout du pays à l'autre, que des actions prodigieuses de Charles de ses généraux, et des vieux corps qui avaient combattu sous eux à Narva, à la Duna, à Clissau, à Pultusk, à Hollosin. Les moindres Suédois en prenaient un esprit d'émulation et de gloire. La tendresse pour le Roi, la pitié, la haine irréconciliable contre les Danois, s'y joignirent encore. Dans bien d'autres pays, les paysans sont esclaves, ou traités comme tels : ceux-ci faisant un corps dans l'Etat, se regardaient comme des citoyens, et se formaient des sentimens plus grands ; de sorte que ces milices devenaient, en peu de temps, les meilleures troupes du nord.

Le général Steinbock se mit, par ordre de la régence, à la tête de huit mille hommes d'anciennes troupes, et d'environ douze mille de ces nouvelles milices, pour aller chasser les Danois qui ravageaient toute la côte d'Helsimbourg, et qui étendaient déjà leurs contributions fort avant dans les terres.

On n'eut ni le temps, ni les moyens de donner aux milices des habits d'ordonnance : la plupart de ces laboureurs vinrent vêtus de leurs sarraux de toile, ayant à leur ceinture des pistolets attachés avec des cordes. Steinbock à la tête de cette armée extraordinaire, se trouva en présence des Danois à trois lieues d'Helsimbourg, le 10 mars 1710. Il voulut laisser à ses troupes quelques jours de repos, se retrancher et donner à ses nouveaux soldats le temps de s'accoutumer à l'ennemi ; mais tous ces paysans demandèrent la bataille le même jour qu'ils arrivèrent.

Des officiers qui y étaient m'ont dit les avoir vus alors presque tous écumer de colère, tant la haine nationale des Suédois contre les Danois est extrême. Steinbock profita de cette disposition des esprits, qui, dans un jour de bataille, vaut autant que la discipline militaire; on attaqua les Danois; et c'est là qu'on vit ce dont il n'y a peut-être pas deux exemples de plus, des milices toutes nouvelles égaler, dans le premier combat, l'intrépidité des vieux corps. Deux régimens de ces paysans, armés à la hâte, taillèrent en pièces le régiment des gardes du roi de Danemarck, dont il ne resta que dix hommes.

Les Danois, entièrement défaits, se retirèrent sous le canon d'Helsimbourg. Le trajet de Suède en Zéelande est si court, que le roi de Danemarck apprit le même jour, à Copenhague, la défaite de son armée en Suède; il envoya sa flotte pour embarquer les débris de ses troupes. Les Danois quittèrent la Suède avec précipitation cinq jours après la bataille; mais ne pouvant emmener leurs chevaux, et ne voulant pas les laisser à l'ennemi; ils les tuèrent tous aux environs d'Helsimbourg, et mirent le feu à leurs provisions, brûlant leurs grains et leurs bagages, et laissant dans Helsimbourg quatre mille blessés, dont la plus grande partie mourut par l'infection de tant de chevaux tués, et par le défaut de provisions, dont leurs compatriotes mêmes les privaient pour empêcher que les Suédois n'en jouissent.

Dans le même temps, les paysans de la Dalécarlie, ayant ouï dire, dans le fond de leurs forêts, que leur Roi était prisonnier chez les Turcs, députèrent à la régence de Stockholm, et offrirent d'aller, à leurs dépens, au nombre de vingt mille, délivrer leur maître des mains de ses ennemis. Cette proposition, qui marquait plus de courage et d'affection qu'elle n'était utile, fut écoutée avec plaisir, quoique rejetée; et on ne manqua pas d'en instruire le Roi en lui envoyant le détail de la bataille d'Helsimbourg.

Charles reçut dans son camp, près de

Bender, ces nouvelles consolantes, au mois de juillet 1710. Peu de temps après un autre événement le confirma dans ses espérances.

Le grand-visir Couprougly, qui s'opposait à ses desseins, fut déposé après deux mois de ministère. La petite Cour de Charles XII, et ceux qui tenaient encore pour lui en Pologne, publiaient que Charles faisait et défaisait les visirs, et qu'il gouvernait l'Empire Turc du fond de sa retraite de Bender; mais il n'avait aucune part à la disgrâce de ce favori. La rigide probité du visir fut, dit-on, la seule cause de sa chute : son prédécesseur ne payait point les janissaires du trésor impérial, mais de l'argent qu'il faisait venir par ses extorsions : Couprougly les paya de l'argent du trésor. Achmet lui reprocha qu'il préférait l'intérêt des sujets à celui de l'Empereur : *Ton prédécesseur Chourlouly*, lui dit-il, *savait bien trouver d'autres moyens de payer mes troupes.* Le grand-visir répondit : *S'il avait l'art d'enrichir ta Hautesse par des rapines, c'est un art que je fais gloire d'ignorer.*

Le secret profond du sérail permet rarement que de pareils discours transpirent dans le public; mais celui-ci fut su avec la disgrâce de Couprougly. Ce visir ne paya point sa hardiesse de sa tête, parce que la vraie vertu se fait quelquefois respecter, lors même qu'elle déplaît. On lui permit de se retirer dans l'île de Négrepont. J'ai su ces particularités par des lettres de M. Bru, mon parent, premier drogman à la Porte ottomane, et je les rapporte pour faire connaître l'esprit de ce gouvernement.

Le Grand-Seigneur fit alors revenir d'Alep, Baltagi Mehemet, bacha de Syrie, qui avait été déjà grand-visir avant Chourlouly. Les *baltagis* du sérail, ainsi nommés de *balta*, qui signifie *cognée*, sont des esclaves qui coupent le bois pour l'usage des princes du sang ottoman, et des sultanes. Ce visir avait été baltagi dans sa jeunesse, et en avait toujours retenu le nom selon la coutume des Turcs, qui prennent, sans rougir, le nom de leur première profession, ou de celle de leur père, ou du lieu de leur naissance.

Dans le temps que Baltagi Mehemet était valet dans le sérail, il fut assez heureux pour rendre quelques petits services au prince Achmet, alors prisonnier d'Etat sous l'empire de son frère Mustapha : on laisse aux princes du sang ottoman, pour leurs plaisirs, quelques femmes d'un âge à ne plus avoir d'enfans (et cet âge arrive de bonne heure en Turquie); mais assez belles encore pour plaire. Achmet, devenu Sultan, donna une de ses esclaves qu'il avait beaucoup aimée, en mariage à Baltagi Mehemet. Cette femme, par ses intrigues fit son mari grand-visir : une autre intrigue le déplaça ; et une troisième le fit encore grand-visir.

Quand Baltagi Mehemet vint recevoir le bul de l'empire, il trouva le parti du roi de Suède dominant dans le sérail. La sultane Validé, Ali-Coumourgi, favori du Grand-Seigneur, le kislar-aga, chef des eunuques noirs, et l'aga des janissaires, voulaient la guerre contre le Czar : le Sultan y était déterminé : le premier ordre qu'il donna au grand-visir fut d'aller combattre les Moscovites, avec deux cent mille hommes. Baltagi Mehemet n'avait jamais fait la guerre ; mais il n'était point un imbécille comme les Suédois, mécontens de lui, l'on représenté. Il dit au Grand-Seigneur, en recevant de sa main un sabre garni de pierreries : *Ta Hautesse sait que j'ai été élevé à me servir d'une hache pour fendre du bois, et non d'une épée pour commander tes armées :*

je tâcherai de te bien servir ; mais si je ne réussis pas, souviens-toi que je t'ai supplié de ne me le point imputer. Le Sultan l'assura de son amitié, et le visir se prépara à obéir.

La première démarche de la Porte ottomane fut de mettre au château des sept Tours l'ambassadeur moscovite. La coutume des Turcs est de commencer d'abord par faire arrêter les ministres des princes auxquels ils déclarent la guerre. Observateurs de l'hospitalité en tout le reste, ils violent en cela le droit le plus sacré des nations. Ils commettent cette injustice sous prétexte d'équité, s'imaginant ou voulant faire croire, qu'ils n'entreprennent jamais que de justes guerres, parce qu'elles sont consacrées par l'approbation de leur muphty. Sur ce principe, ils se croient armés pour châtier les violateurs de traités que souvent ils rompent eux-mêmes, et croient punir les ambassadeurs des Rois leurs ennemis, comme complices des infidélités de leurs maîtres.

A cette raison se joint le mépris ridicule qu'ils affectent pour les princes chrétiens, et pour les ambassadeurs qu'ils ne regardent d'ordinaire que comme des consuls de marchands.

Le han des Tartares de Crimée, que nous nommons le kan, reçut ordre de se tenir prêt avec quarante mille Tartares. Ce prince gouverne le Nagaï, le Budziack, avec une partie de la Circassie, et toute la Crimée, province connue dans l'antiquité sous le nom de Chersonèse Taurique, où les Grecs portèrent leur commerce et leurs armes, et fondèrent de puissantes villes, et où les Génois pénétrèrent depuis, lorsqu'ils étaient les maîtres du commerce de l'Europe. On voit en ce pays des ruines des villes grecques, et quelques monumens des Génois, qui subsistent encore au milieu de la désolation et de la barbarie.

Le kan est appelé par ses sujets, Empereur; mais avec ce grand titre, il n'en est pas moins l'esclave de la Porte. Le sang ottoman dont les kans sont descendus, et le droit qu'ils prétendent à l'empire des Turcs, au défaut de la race du Grand-Seigneur, rendent leur famille respectable au Sultan même, et leurs personnes redoutables : c'est pourquoi le Grand-Seigneur n'ose détruire la race des kans tartares ; mais il ne laisse presque jamais vieillir ces princes sur le trône. Leur conduite est toujours éclairée par les bachas voisins, leurs Etats entourés de janissaires, leurs volontés traversées par les grands-visirs, leurs desseins toujours suspects. Si les Tartares se plaignent du kan, la Porte le dépose sur ce prétexte; s'il en est trop aimé, c'est un plus grand crime, dont il est plus tôt puni ; ainsi presque tous passent de la souveraineté à l'exil, et finissent leurs jours à Rhodes, qui est d'ordinaire leur prison et leur tombeau.

Les Tartares, leurs sujets, sont les peuples les plus brigands de la terre, et en même-temps, ce qui semble inconcevable, les plus hospitaliers. Ils vont à cinquante lieues de leur pays attaquer une caravane, détruire des villages; mais qu'un étranger, quel qu'il soit, passe dans leur pays, non-seulement il est reçu partout, logé et défrayé; mais dans quelque lieu qu'il passe, les habitans se disputent l'honneur de l'avoir pour hôte; le maître de la maison, sa femme, ses filles, le servent à l'envie. Les Scythes, leurs ancêtres, leur ont transmis ce respect inviolable pour l'hospitalité, qu'ils ont conservé, parce que le peu d'étrangers qui voyagent chez eux, et le bas prix de toutes les denrées, ne leur rendent point cette vertu trop onéreuse.

Quand les Tartares vont à la guerre avec l'armée ottomane, ils sont nourris par le Grand-Seigneur; le butin qu'ils font est leur seule paye : aussi sont-ils plus propres à piller qu'à combattre régulièrement.

Le kan, gagné par les présens et par les intrigues du roi de Suède, obtint d'abord que le rendez-vous général des troupes serait à Bender même, sous les yeux de Charles XII, afin de lui marquer mieux que c'était pour lui qu'on faisait la guerre.

Le nouveau visir Baltagi Mehemet, n'ayant pas les mêmes engagemens, ne voulait pas flatter à ce point un prince étranger. Il changea l'ordre, et ce fut à Andrinople que s'assembla cette grande armée.

Les troupes des Turcs ne sont plus aujourd'hui si formidables qu'autrefois, lorsqu'elles conquirent tant d'Etats dans l'Asie, dans l'Afrique et dans l'Europe :

alors la force du corps, la valeur et le nombre des Turcs, triomphaient d'ennemis moins robustes qu'eux et plus mal disciplinés : mais aujourd'hui que les chrétiens entendent mieux l'art de la guerre, ils battent presque toujours les Turcs en bataille rangée, même à forces inégales. Si l'empire ottoman a depuis peu fait quelques conquêtes, ce n'est que sur la république de Venise, estimée plus sage que guerrière, défendue par des étrangers, et mal secourue par les princes chrétiens, toujours divisés entre eux.

Les janissaires et les spahis attaquent en désordre, incapables d'écouter le commandement et de se rallier : leur cavalerie, qui devrait être excellente, attendu la bonté et la légèreté de leurs chevaux, ne saurait soutenir le choc de la cavalerie allemande; l'infanterie ne savait point encore faire un usage avantageux de la baïonnette au bout du fusil :

de plus, les Turcs n'ont pas eu un grand général de terre parmi eux depuis Couprougly, qui conquit l'île de Candie. Un esclave nourri dans l'oisiveté et dans le silence du sérail, fait visir par faveur, et général malgré lui, conduisait une armée levée à la hâte, sans expérience, sans discipline, contre des troupes moscovites aguerries par douze ans de guerre, et fières d'avoir vaincu les Suédois.

Le Czar, selon toutes les apparences, devait vaincre Baltagi Mehemet; mais il fit la même faute avec les Turcs que le roi de Suède avait commise avec lui; il méprisa trop son ennemi. Sur la nouvelle de l'armement des Turcs, il quitta Moscou, et ayant ordonné qu'on changeât le siége de Riga en blocus, il assembla sur les frontières de la Pologne quatre-vingt mille hommes de ses troupes; avec cette armée il prit son chemin par la Moldavie et la Valachie, autrefois le pays des Daces, aujourd'hui habité par des chrétiens Grecs, tributaires du Grand-Seigneur.

La Moldavie était gouvernée alors par le prince Cantemir, Grec d'origine, qui réunissait les talens des anciens Grecs, la science des lettres et celle des armes. Il se joignit d'intérêt avec le Czar, dont les succès faisaient espérer l'abaissement de la puissance turque, et la vengeance de tant de nations tributaires. Le Czar ayant donc fait un traité secret avec ce prince, et l'ayant reçu dans son armée, s'avança dans le pays, et arriva au mois de juin 1711, sur le bord septentrional du fleuve Hiérase, aujourd'hui le Pruth, près d'Yassi, capitale de la Moldavie.

Dès que le grand-visir eut appris que Pierre Alexiowits marchait de ce côté, il quitta aussitôt son camp; et suivant le cours du Danube, il alla passer ce fleuve sur un pont de bateaux près d'un bourg nommé Saccia, au même endroit où Darius fit construire autrefois le pont qui porta son nom. L'armée turque fit tant de diligence, qu'elle parut bientôt en présence des Moscovites, la rivière de Pruth entre deux.

Le Czar, sûr du prince de Moldavie, ne s'attendait pas que les Moldaves dussent lui manquer. Mais souvent le prince et les sujets ont des intérêts très-différens. Ceux-ci aimaient la domination turque, qui n'est jamais fatale qu'aux grands, et qui affecte de la douceur pour les peuples tributaires; ils redoutaient les chrétiens, et surtout les Moscovites, qui les avaient toujours traités avec inhumanité. Ils portèrent toutes leurs provisions à l'armée ottomane; les entrepreneurs qui s'étaient engagés à fournir des vivres aux Moscovites, exécutèrent avec le grand-visir le marché même qu'ils avaient fait avec le Czar. Les Valaques, voisins des Moldaves, montrèrent aux Turcs la même affection, tant l'ancienne idée de la barbarie moscovite avait aliéné tous les esprits.

Le Czar, ainsi trompé dans ses espérances, peut-être trop légèrement prises, vit tout d'un coup son armée sans vivres et sans fourrages. Cependant les Turcs passèrent la rivière qui les séparait de l'armée ennemie; tous les Tartares la traversèrent à la nage, selon leur coutume, en tenant la queue de leurs chevaux. Les spahis, qui sont les cavaliers turcs, passèrent de même, parce que les ponts ne furent pas assez tôt prêts.

Enfin toute l'armée étant parvenue à l'autre bord, le visir forma un camp retranché. Il est surprenant que le Czar ne disputât point le passage de la rivière, ou du moins qu'il ne réparât pas cette faute en livrant bataille aux Turcs immédiatement après le passage, au lieu de leur donner le temps de faire périr son armée de faim et de fatigue. Il semble que ce prince fit dans cette campagne tout ce qu'il fallait pour être perdu. Il se trouva sans provisions, ayant la rivière de Pruth derrière lui, cent cinquante mille Turcs devant lui, et quarante mille Tartares qui le harcelaient continuellement à droite et à gauche. Dans cette extrémité, il dit publiquement : me voilà du moins aussi mal que mon frère Charles l'était à Pultava.

Le comte Poniatowsky, infatigable agent du roi de Suède, était dans l'armée du grand-visir avec quelques Polonais et quelques Suédois, qui tous croyaient la perte du Czar inévitable.

Dès que Poniatowsky vit que les armées seraient infailliblement en présence, il le manda au roi de Suède, qui partit aussitôt de Bender, suivi de quarante officiers, jouissant par avance du plaisir de combattre l'Empereur moscovite. Après beaucoup de pertes et de marches ruineuses, le Czar, poussé vers le Pruth, n'avait pour tous retranchemens que des chevaux de frise et des chariots; quelques troupes de janissaires et de spahis vinrent fondre sur son armée si mal retranchée; mais ils attaquèrent en désordre, et les Moscovites se défendirent avec une vigueur que la présence de leur prince et le désespoir leur donnaient.

Les Turcs furent deux fois repoussés. Le lendemain, M. Poniatowsky conseilla au grand-visir d'affamer l'armée moscovite, qui, manquant de tout, serait obligée dans un jour de se rendre à discrétion avec son Empereur.

Le Czar a depuis avoué plus d'une fois qu'il n'avait jamais rien senti de si cruel dans sa vie, que les inquiétudes qui l'agitèrent cette nuit; il roulait dans son esprit tout ce qu'il avait fait depuis tant d'années pour la gloire et le bonheur de sa nation; tant de grands ouvrages, toujours interrompus par des guerres, allaient peut-être périr avec lui avant d'avoir été achevés; il fallait ou être détruit par la faim, ou attaquer près de cent quatre-vingts mille hommes avec des troupes languissantes, diminuées de la moitié, une cavalerie presque toute démontée, et des fantassins exténués de faim et de fatigue.

Il appela le général Czeremetof vers le commencement de la nuit, et lui ordonna, sans balancer et sans prendre conseil, que tout fût prêt à la pointe du jour pour aller attaquer les Turcs, la baïonnette au bout du fusil.

Il donna de plus ordre exprès qu'on brûlât tous les bagages, et que chaque officier ne réservât qu'un seul chariot; afin que s'ils étaient vaincus, les ennemis ne pussent du moins profiter du butin qu'ils espéraient.

Après avoir tout réglé avec le général pour la bataille, il se retira dans sa tente, accablé de douleur, et agité de convulsions, mal dont il était souvent attaqué, et qui redoublait toujours avec violence quand il avait quelque grande inquiétude. Il défendit que personne osât de la nuit entrer dans sa tente, sous quelque pretexte que ce pût être, ne voulant pas qu'on vînt lui faire des remontrances sur une résolution désespérée, mais nécessaire; encore moins qu'on fût témoin du triste état où il se sentait.

Cependant on brûla, selon son ordre, la plus grande partie de ses bagages. Toute l'armée suivit cet exemple quoiqu'à regret; plusieurs enterrèrent ce qu'ils avaient de plus précieux. Les officiers-généraux ordonnaient déjà la marche, et tâchaient d'inspirer à l'armée une confiance qu'ils n'avaient pas eux-mêmes; chaque soldat, épuisé de fatigue et de faim, marchait sans ardeur et sans espérance. Les femmes, dont l'armée était trop remplie, poussaient des cris qui énervaient encore les courages; tout le monde attendait le lendemain matin la mort ou la servitude. Ce n'est point une exagération; c'est à la lettre ce qu'on a entendu dire à des officiers qui servaient dans cette armée.

Il y avait alors dans le camp moscovite une femme aussi singulière peut-être que le Czar même; elle n'était encore connue que sous le nom de Catherine. Sa mère était une malheureuse paysanne nommée Erb-Magden, du village de Ringen en Estonie, province où les peuples sont serfs, et qui était en ce temps-là sous la domination de la Suède; jamais elle ne connut son père: elle fut baptisée sous le nom de Marthe. Le vicaire de la paroisse l'éleva par charité, jusqu'à quatorze ans; à cet âge elle fut servante à Mariembourg, chez un ministre luthérien de ce pays, nommé Gluk.

En 1702, à l'âge de dix-huit ans, elle épousa un dragon suédois. Le lendemain de ses noces, un parti des troupes de Suède ayant été battu par les Moscovites, ce dragon, qui avait été à l'action, ne reparut plus, sans que sa femme pût savoir s'il avait été fait prisonnier, et sans même que, depuis ce temps, elle en pût jamais rien apprendre.

Quelques jours après, faite prisonnière elle-même, elle servit chez le général Czeremetof: celui-ci la donna à Menzikoff, homme qui a connu les plus extrêmes vicissitudes de la fortune, ayant été garçon pâtissier, général et prince; ensuite dépouillé de tout, et relégué en Sibérie, où il est mort dans la misère et dans le désespoir.

Ce fut à un souper chez le prince Menzikoff, que l'Empereur la vit et en devint amoureux. Il l'épousa secrètement en 1707, non pas séduit par des artifices de femme, mais parce qu'il lui trouva une fermeté d'âme capable de seconder ses entreprises, et même de les conduire après lui. Il avait déjà répudié depuis long-temps sa première femme Ottokefa, fille d'un Boyard, accusée de s'opposer aux changemens qu'il faisait dans ses Etats. Ce crime était le plus grand aux yeux du Czar. Il ne voulait dans sa famille que des personnes qui pensassent comme lui. Il crut rencontrer dans cette esclave étrangère les qualités d'un souverain, quoiqu'elle n'eût aucune des vertus de son sexe ; il dédaigna pour elle les préjugés qui eussent arrêté un homme ordinaire ; il la fit couronner Impératrice : le même génie qui la fit femme de Pierre Alexiowits, lui donna l'Empire après la mort de son mari. L'Europe a vu avec surprise cette femme, qui ne sut jamais ni lire, ni écrire, réparer son éducation et ses faiblesses par son courage, et remplir avec gloire le trône d'un législateur.

Lorsqu'elle épousa le Czar, elle quitta la religion luthérienne, où elle était née, pour la moscovite ; on la rebaptisa selon l'usage du rit russien, et au lieu du nom de Marthe, elle prit le nom de Catherine, sous lequel elle a été connue depuis. Cette femme étant donc au camp de Pruth, tint un conseil avec les officiers-généraux et le vice-chancelier Schaffirof, pendant que le Czar était dans sa tente.

On conclut qu'il fallait demander la paix aux Turcs, et engager le Czar à faire cette démarche. Le vice-chancelier écrivit une lettre au grand-visir au nom de son maître : la Czarine entra avec cette lettre dans la tente du Czar, malgré la défense ; et ayant, après bien des prières, des contestations et des larmes, obtenu qu'il la signât, elle rassembla sur le champ toutes ses pierreries, tout ce qu'elle avait de plus précieux, tout son argent, elle en emprunta même des officiers-généraux, et ayant composé de cet amas un présent considérable, elle l'envoya à Osman aga, lieutenant du grand-visir, avec la lettre signée par l'Empereur moscovite. Mehemet Baltagi, conservant d'abord la fierté d'un visir et d'un vainqueur, répondit : que le Czar m'envoie son premier ministre, et je verrai ce que j'ai à faire. Le vice-chancelier Schaffirof vint aussitôt, chargé de quelques présens qu'il offrit publiquement lui-même au grand-visir, assez considérables pour lui marquer qu'on avait besoin de lui, mais trop peu pour le corrompre.

La première demande du visir, fut que le Czar se rendît avec toute son armée à discrétion. Le vice-chancelier répondit que son maître allait l'attaquer dans un quart-d'heure, et que les Moscovites périraient jusqu'au dernier, plutôt que de subir des conditions si infâmes.

Osman ajouta ces remontrances aux paroles de Schaffirof.

Mehemet Baltagi n'était pas guerrier; il voyait que les janissaires avaient été repoussés la veille : Osman lui persuada aisément de ne pas mettre au hasard d'une bataille des avantages certains. Il accorda donc d'abord une suspension d'armes pour six heures, pendant laquelle on conviendrait des conditions du traité.

Pendant qu'on parlementait, il arriva un petit accident qui peut faire connaître que les Turcs sont souvent plus jaloux de leurs paroles que nous ne croyons. Deux gentilshommes italiens, parens de M. Brillo, lieutenant-colonel d'un régiment de grenadiers, au service du Czar, s'étant écartés pour chercher quelque fourrage, furent pris par des Tartares qui les emmenèrent à leur camp, et offrirent de les vendre à un officier des janissaires; le Turc, indigné qu'on osât ainsi violer la trêve, fit arrêter les Tartares, et les conduisit lui-même devant le grand-visir avec ces deux prisonniers.

Le visir envoya ces deux gentilshommes au camp du Czar, et fit trancher la tête aux Tartares qui avaient eu le plus de part à leur enlèvement.

Cependant le kan des Tartares s'opposait à la conclusion d'un traité qui lui ôtait l'espérance du pillage; Poniatowsky secondait le kan par les raisons les plus pressantes. Mais Osman l'emporta sur l'impatience du Tartare, et sur les insinuations de Poniatowsky.

Le visir crut faire assez pour le Grand-Seigneur son maître, de conclure une paix avantageuse. Il exigea que les Moscovites rendissent Azoph, qu'ils brûlassent les galères qui étaient dans ce port, qu'ils démolissent des citadelles importantes, bâties sur les Palus Méotides, et que tout le canon et les munitions de ces forteresses demeurassent au Grand-Seigneur; que le Czar retirât ses troupes de la Pologne; qu'il n'inquiétât plus le petit nombre de Cosaques qui étaient sous la protection des Polonais, ni ceux qui dépendaient de la Turquie, et qu'il payât dorénavant aux Tartares un subside de quarante mille sequins par an, tribut odieux, imposé depuis long-temps; mais dont le Czar avait affranchi son pays.

Enfin, le traité allait être signé sans qu'on eût seulement fait mention du roi de Suède. Tout ce que Poniatowsky put obtenir du visir, fut qu'on insérât un article, par lequel le Moscovite s'engageait à ne point troubler le retour de Charles XII; et, ce qui est assez singulier, il fut stipulé dans cet article, que le Czar et le roi de Suède feraient la paix s'ils en avaient envie, et s'ils pouvaient s'accorder.

A ces conditions, le Czar eut la liberté de se retirer avec son armée, son canon, son artillerie, ses drapeaux, son bagage. Les Turcs lui fournirent des vivres, et tout abonda dans son camp deux heures après la signature du traité, qui fut commencé le 21 de juillet 1711, et signé le 1er août.

Dans le temps que le Czar, échappé de ce mauvais pas, se retirait tambour battant et enseignes déployées, arrive le roi de Suède, impatient de combatre, et de voir son ennemi entre ses mains. Il avait couru plus de cinquante lieues à cheval, depuis Bender jusqu'auprès d'Yassy. Il descendit à la tente du comte de Poniatowsky; le comte s'avança tristement vers lui, et lui apprit comment il venait de perdre une occasion qu'il ne recouvrerait peut-être jamais.

Le Roi, outré de colère, va droit à la tente du grand-visir; il lui reproche, avec un visage enflammé, le traité qu'il vient de conclure. J'ai droit, dit le grand-visir, d'un air calme, de faire la guerre et la paix. Mais, reprend le Roi, n'avais-tu pas toute l'armée moscovite en ton pouvoir? Notre loi nous ordonne, répartit gravement le visir, de donner la paix à nos ennemis quand ils implorent notre miséricorde. Eh! t'ordonne-t-elle, insiste le Roi en colère, de faire un mauvais traité, quand tu peux imposer telles lois que tu veux? Ne dépendait-il pas de toi d'amener le Czar prisonnier à Constantinople.

Le Turc, poussé à bout, répondit sèchement : Eh! qui gouvernerait son empire en son absence? il ne faut pas que tous les Rois soient hors de chez eux. Charles répliqua par un sourire d'indignation : il se jeta sur un sopha, et regardant le visir d'un air plein de colère et de mépris, il étendit sa jambe vers lui et embarrassant exprès son éperon dans la robe du Turc, il la lui déchira, se releva sur le champ, ramonta à cheval, et retourna à Bender le désespoir dans le cœur.

Poniatowsky resta encore quelque temps avec le grand-visir, pour essayer des voies plus douces de l'engager à tirer un meilleur parti du Czar; mais l'heure de la prière étant venue, le Turc, sans répondre un seul mot, alla se laver et prier Dieu.

FIN DU CINQUIÈME LIVRE.

LIVRE SIXIÈME.

Intrigues à la Porte Ottomane. — Le kan des Tartares et le bacha de Bender veulent forcer Charles de partir. — Il se défend avec quarante domestiques contre une armée. — Il est pris et traité en prisonnier.

AVANT de commencer ce livre sixième, je me crois obligé de prévenir les lecteurs sur plusieurs choses qui me semblent importantes.

Il faut qu'on se souvienne que mon unique dessein a été de peindre, dans cette histoire, deux héros qui ont cherché tous deux la gloire par des chemins très-différens, et dont la conduite singulière, les malheurs, les prospérités, les fautes et les grandes actions peuvent instruire les hommes.

Ce n'est pas encore une fois mon dessein d'écrire des annales, et d'entrer dans tous ces détails d'actions militaires, qui se ressemblent presque toutes, et qui ne servent à faire connaître ni les hommes, ni les temps : un historien suédois ou moscovite peut s'étendre d'ailleurs sur beaucoup de faits qui intéresseront leur nation, du moins pendant quelques années.

Mais j'écris pour les autres peuples qui, regardant ces objets de plus loin, n'aperçoivent que ce qui paraît grand et mémorable.

Je n'ai été attaché ni au czar Pierre, ni à Charles XII, ni à leurs amis, ni à leurs ennemis : je n'ai eu rien à espérer, ni à craindre d'eux ou de leurs favoris ; et par-là peut-être j'étais plus propre qu'un de leurs courtisans à écrire leur histoire. Je n'ai pu vouloir tromper personne; et si j'avais été trompé, je l'aurais été par des témoins oculaires, qui n'avaient aucun intérêt de m'abuser. M. Fabrice, retiré en Angleterre longtemps après la mort de Charles XII; M. de Croissy, ambassadeur de France auprès de ce monarque; M. de Fierville, envoyé près de lui chez les Turcs; M. de Fériol, ambassadeur à la Porte ottomane; M. de Ville-Longue, colonel à son service; M. de Poniatowsky, qui a répondu à plusieurs de mes questions, sont une partie de mes témoins.

Si quelque autre histoire contredit la mienne, il arrivera de deux choses l'une, ou que l'auteur aura vu les mêmes événemens avec d'autres yeux que mes témoins; en ce cas, c'est au public à juger de quel côté sera la vraisemblance : ou bien cet auteur, mieux instruit, aura su ce que mes auteurs n'ont pu savoir : et alors il faudra sans difficulté que je profite de ses lumières, que je me conforme à ses récits; car la vérité est mon unique objet. Je n'épargne rien pour la savoir, et il ne m'en coûte point de la dire.

Voici donc tout ce que j'ai su jusqu'à présent. C'est un contemporain qui parle, instruit par des contemporains, et quelquefois par des têtes couronnées.

La fortune du roi de Suède, si changée de ce qu'elle avait été, le persécutait dans les moindres choses : il trouva à son retour son petit camp de Bender, et tout le logement inondé des eaux du Niester : il se retira à quelques milles, près d'un village nommé Varnitza; et comme s'il eût eu un secret pressentiment de ce qui devait lui arriver, il fit bâtir en cet endroit une large maison de pierres, capable en un besoin de soutenir quelques heures un assaut. Il la meubla même magnifiquement, contre sa coutume, pour imposer plus de respect au Turcs.

Il en construisit aussi deux autres; l'une pour sa chancellerie, l'autre pour son favori Grothusen qui tenait une de ses tables. Tandis que le Roi bâtissait ainsi près de Bender, comme s'il eût voulu rester toujours en Turquie, Baltagi Mehemet craignant plus que jamais les intrigues et les plaintes de ce prince à la Porte, avait envoyé le résident de l'empereur d'Allemagne, demander lui-même à Vienne un passage pour le roi de Suède par les terres héréditaires de la maison d'Autriche. Cet envoyé avait rapporté en trois semaines de temps une promesse de la régence impériale de rendre à Charles XII les honneurs qui lui étaient dus, et de le conduire en toute sûreté en Poméranie.

On s'était adressé à cette régence de Vienne, parce qu'alors l'empereur d'Allemagne, Charles Ier, successeur de Joseph, était en Espagne, où il disputait la couronne à Philippe V. Pendant que l'envoyé allemand exécutait à Vienne cette commission, le grand-visir envoya trois bachas au roi de Suède, pour lui signifier qu'il fallait quitter les terres de l'empire Turc.

Le Roi, qui savait l'ordre dont ils étaient chargés, leur fit d'abord dire que s'ils osaient lui rien proposer contre son honneur, et lui manquer de respect, il les ferait pendre tous trois sur l'heure. Le bacha de Salonique qui portait la parole, déguisa la dureté de sa commission sous les termes les plus respectueux. Charles finit l'audience sans daigner seulement répondre; son chancelier Mullern, qui resta avec ces trois bachas, leur expliqua en peu de mots le refus de son maître, qu'ils avaient assez compris par son silence.

Le grand-visir ne se rebuta pas; il ordonna à Ismaël bacha, nouveau serasquier de Bender, de menacer le Roi de l'indignation du Sultan, s'il ne se déterminait pas sans délai. Ce serasquier était d'un tempérament doux et d'un esprit conciliant qui lui avait attiré la bienveillance de Charles, et l'amitié de tous les Suédois. Le Roi entra en conférence avec lui; mais ce fut pour lui dire qu'il ne partirait que quand Achmet lui aurait accordé deux choses : la punition de son grand-visir, et cent mille hommes pour retourner en Pologne.

Baltagi Mehemet sentait bien que Charles restait en Turquie pour le perdre; il eut soin de faire mettre des gardes sur toutes les routes de Bender à Constantinople, pour intercepter les lettres du Roi. Il fit plus, il lui retrancha son thaïm, c'est-à-dire, la provision que la Porte fournit aux princes à qui elle accorde un asile. Celle du roi de Suède était immense, consistant en cinq cents écus par jour en argent, et dans une profusion de tout ce qui peut contribuer à l'entretien d'une cour dans la splendeur et dans l'abondance.

Dès que le Roi sut que le visir avait osé retrancher sa subsistance, il se tourna vers son grand-maître d'hôtel, et lui dit : vous n'avez eu que deux tables jusqu'à présent; je vous ordonne d'en tenir quatre dès demain.

Les officiers de Charles XII étaient accoutumés à ne trouver rien d'impossible de ce qu'il ordonnait; cependant on n'avait ni provisions, ni argent : on fut obligé d'emprunter à vingt, à trente, à quarante pour cent, des officiers, des domestiques, et des janissaires devenus riches par les profusions du Roi. M. Fabrice, l'envoyé de Holstein, Jeffreys ministre d'Angleterre, leurs secrétaires, leurs amis, donnèrent ce qu'ils avaient. Le Roi, avec sa fierté ordinaire, et sans inquiétude du lendemain, subsistait de ces dons qui n'auraient pas suffi longtemps. Il fallut tromper la vigilance des gardes, et envoyer secrètement à Constantinople pour emprunter de l'argent des négocians européens. Tous refusèrent d'en prêter à un Roi qui semblait s'être mis hors d'état de jamais rendre. Un seul marchand anglais, nommé Couk, osa enfin prêter environ quarante mille écus, satisfait de les perdre, si le roi de Suède venait à mourir. On apporta cet argent au petit camp du Roi, dans le temps qu'on commençait à manquer de tout, et à ne plus espérer de ressource.

Dans cet intervalle M. de Poniatowsky écrivit du camp même du grand-visir, une relation de la campagne du Pruth, dans laquelle il accusait Baltagi Mehemet de lâcheté et de perfidie. Un vieux janissaire indigné de la faiblesse du visir, et de plus gagné par les présens de Poniatowsky, se chargea de cette relation ; et ayant obtenu un congé, il présenta lui-même la lettre au Sultan.

Poniatowsky partit du camp quelques jours après, et alla à la Porte ottomane former des intrigues contre le grand-visir, selon sa coutume.

Les circonstances étaient favorables : le Czar en liberté ne se pressait pas d'accomplir ses promesses : les clefs d'Azoph ne venaient point ; le grand-visir qui en était responsable, craignant avec raison l'indignation de son maître, n'osait s'aller présenter devant lui.

Le vieux visir Chourlouly relégué alors à Mitilen, voulut profiter de cette conjoncture pour ôter l'empire à Achmet III, et mettre sur le trône Ibrahim, fils de Soliman, jeune prince qui était prisonnier d'État dans le sérail avec Mahmoud son cousin.

Il fallait, pour réussir dans ce projet, engager Mehemet Baltagi à prévenir la colère du Sultan, et marcher droit à

Constantinople avec les janissaires.

Mehemet était bien loin d'être disposé aux entreprises téméraires. Aussi le vieux visir ne s'adressa qu'à Osman Aga, ce lieutenant de Mehemet qui le gouvernait entièrement. Les lettres furent interceptées; Chourlouly et Osman eurent la tête tranchée, supplice infâme en Turquie. Leurs têtes furent jetées dans la salle du divan : on trouva parmi les trésors d'Osman la bague de la czarine, et vingt mille pièces d'or au coin de Saxe, de Pologne et de Moscovie.

A l'égard de Baltagi Mehemet, il fut puni par l'exil, d'avoir été choisi, sans le savoir, pour être l'instrument des desseins de Chourlouly et d'Osman : on le bannit à Lemnos où il mourut trois ans après. Le Sultan ne saisit son bien ni à son exil, ni à sa mort, parce qu'il n'était pas riche; ce qui peut servir de preuve que le Czar n'avait point acheté de lui la paix par des trésors immenses, comme on le disait dans l'Europe.

A ce grand-visir succéda Jussuf, c'est-à-dire, Joseph, dont la fortune était aussi singulière que celle de ses prédécesseurs. Né Moscovite, et fait prisonnier par les Turcs à l'âge de six ans avec sa famille, il avait été vendu à un janissaire. Il fut long-temps valet dans le sérail, et devint enfin la seconde personne de l'empire où il avait été esclave; mais ce n'était qu'un fantôme de ministre. Le jeune Selictar Ali Coumourgi l'éleva à ce poste glissant, en attendant qu'il pût s'y placer lui-même; et Jussuf sa créature n'eut d'autre emploi que d'apposer les sceaux de l'empire aux volontés du favori. La politique de la cour Ottomane parut toute changée dès les premiers jours de ce visirat : les plénipotentiaires du Czar qui restaient à Constantinople, et comme ministres, et comme ôtages, y furent mieux traités que jamais : le grand-visir confirma avec eux la paix du Pruth ; mais ce qui mortifia le plus le roi de Suède, ce fut d'apprendre que les liaisons secrètes qu'on prenait à Constantinople avec le Czar, étaient le fruit de la médiation des ambassadeurs d'Angleterre et de Hollande.

Constantinople, depuis la retraite de Charles à Bender, était devenue ce que Rome a été si souvent, le centre des négociations de la chrétienté. Le comte Desalleurs, ambassadeur de France, y appuyait les intérêts de Charles et de Stanislas : le ministre de l'empereur allemand les traversait ; les factions de Suède et de Moscovie s'entrechoquaient, comme on a vu long-temps celles de France et d'Espagne agiter la Cour de Rome.

L'Angleterre et la Hollande, qui paraissaient neutres, ne l'étaient pas : le nouveau commerce que le Czar avait ouvert dans Pétersbourg, attirait l'attention de ces deux nations commerçantes.

Les Anglais et les Hollandais seront toujours pour le prince qui favorisera le plus leur trafic. Il y avait beaucoup à gagner avec le Czar : il n'est donc pas étonnant que les ministres d'Angleterre et de Hollande le servissent secrètement à la Porte ottomane. Une des conditions de cette nouvelle amitié, fut que l'on ferait sortir incessamment Charles des terres de l'empire turc; soit que le Czar espérât se saisir de sa personne sur les chemins, soit qu'il crût Charles moins redoutable dans ses États qu'en Turquie, où il était toujours sur le point d'armer les forces ottomanes contre l'empire des Russes.

Le roi de Suède sollicitait toujours la Porte, de le renvoyer par la Pologne avec une nombreuse armée. Le divan résolut en effet de le renvoyer, mais avec une simple escorte de sept à huit mille hommes; non plus comme un Roi qu'on voulait secourir, mais comme un hôte dont on voulait se défaire. Pour cet effet, le sultan Achmet lui écrivit en ces termes :

Très-puissant entre les Rois adorateurs de Jésus, redresseur des torts et des injures, et protecteur de la justice dans les ports et les républiques, du midi et du septentrion, éclatant en majesté, ami de l'honneur et de la gloire, et de notre sublime Porte, Charles roi de Suède dont Dieu couronne les entreprises de bonheur.

Aussitôt que le très-illustre Achmet, ci-devant chiaoux pachi, aura eu l'honneur de vous présenter cette lettre ornée de notre sceau impérial, soyez persuadé et convaincu de la vérité de nos intentions, qui y sont contenues, à savoir, que quoique nous nous fussions proposé de faire marcher de nouveau contre le Czar nos troupes toujours victorieuses; cependant ce prince, pour éviter le juste ressentiment que nous avait donné son retardement à exécuter le traité conclu sur les bords du Pruth, et renouvelé depuis à notre sublime Porte, *ayant rendu à notre empire le château et la ville d'Azoph; et cherché par la médiation des ambassadeurs d'Angleterre et de Hollande, nos anciens amis, à cultiver avec nous les liens d'une constante paix; nous la lui avons accordée, et donnée à ses plénipotentiaires qui nous restent pour ôtages, notre ratification impériale, après avoir reçu la sienne de leurs mains.*

Nous avons donné au très-honorable et vaillant Delvet Gherai, kan de Budziack, de Crimée, de Nagaï et de Circassie, et à notre très-sage conseiller et généreux serasquier de

Bender, Ismaël (que Dieu perpétue et augmente leur magnificence et prudence), nos ordres inviolables et salutaires pour votre retour par la Pologne, selon votre premier dessein qui nous a été renouvelé de votre part. Vous devez donc vous préparer à partir sous les auspices de la providence, et avec une honorable escorte, l'hiver prochain, pour vous rendre dans vos provinces, ayant soin de passer en ami par celles de la Pologne.

Tout ce qui sera nécessaire pour votre voyage vous sera fourni par notre sublime Porte, *tant en argent qu'en hommes, chevaux et chariots. Nous vous exhortons surtout et vous recommandons de donner vos ordres les plus positifs et les plus clairs à tous les Suédois et autres gens qui se trouvent auprès de vous, de ne commettre aucun désordre, et de ne faire aucune action qui tende directement ou indirectement à violer cette paix et amitié.*

Vous conserverez par là notre bienveillance dont nous chercherons à vous donner d'aussi grandes et d'aussi fréquentes marques qu'il s'en présentera d'occasions. Nos troupes destinées pour vous accompagner, recevront des ordres conformes à nos intentions impériales.

Donné à notre sublime porte de Constantinople; le 14 de la lune Rebyul Eurch 1124, ce qui revient au 19 avril 1712.

Cette lettre ne fit point encore perdre l'espérance au roi de Suède : il écrivit au Sultan qu'il serait toute sa vie reconnaissant des faveurs dont sa Hautesse l'avait comblé, mais qu'il croyait le Sultan trop juste pour le renvoyer avec la simple escorte d'un camp volant dans un pays encore inondé des troupes du Czar. En effet, l'Empereur moscovite, malgré le premier article de la paix du Pruth, par lequel il s'était engagé à retirer toutes ses troupes de la Pologne, y en avait fait passer de nouvelles; et ce qui semble étonnant, c'est que le Grand-Seigneur n'en savait rien.

La mauvaise politique de la Porte, d'avoir toujours par vanité des ambassadeurs des princes chrétiens à Constantinople, et de ne pas entretenir un seul agent dans les Cours chrétiennes, fait que ceux-ci pénètrent et conduisent quelquefois les résolutions les plus secrètes du Sultan, et que le divan est toujours dans une profonde ignorance de ce qui se passe publiquement chez les chrétiens.

Le Sultan, enfermé dans son sérail parmis ses femmes et ses eunuques, ne voit que par les yeux de son grand-visir. Ce ministre aussi inaccessible que son maître, occupé des intrigues du sérail, et sans correspondance au-dehors, est d'ordinaire trompé, ou trompe le Sultan qui le dépose ou le fait étrangler à la première faute pour en choisir un autre aussi ignorant ou aussi perfide, qui se conduit comme ses prédécesseurs, et qui tombe bientôt comme eux.

Telles sont pour l'ordinaire l'inaction et la sécurité profonde de cette Cour, que si les princes chrétiens se liguaient contre elle, leurs flottes seraient aux Dardanelles, et leur armée de terre aux portes d'Andrinople, avant que les Turcs eussent songé à se défendre ; mais les divers intérêts qui diviseront toujours la chrétienté, sauveront les Turcs d'une destinée que leur peu de politique et leur ignorance dans la guerre et dans la marine semblent leur préparer aujourd'hui.

Achmet était si peu informé de ce qui se passait en Pologne, qu'il y envoya un aga pour voir s'il était vrai que les armées du Czar y fussent encore : deux secrétaires du roi de Suède, qui savaient la langue turque, accompagnèrent l'aga, afin de servir de témoins contre lui en cas qu'il fît un faux rapport.

Cet aga vit par ses yeux la vérité, et en vint rendre compte au Sultan même. Achmet, indigné, allait faire étrangler le grand-visir; mais le favori qui le protégeait, et qui croyait avoir besoin de lui, obtint sa grâce, et le soutint encore quelque temps dans le ministère.

Les Moscovites étaient protégés ouvertement par le visir, et secrètement par Ali Coumourgi qui avait changé de parti; mais le Sultan était si irrité, l'infraction du traité était si manifeste, et les janissaires, qui font trembler souvent les ministres, les favoris et les Sultans demandaient si hautement la guerre, que personne dans le sérail n'osa ouvrir un avis modéré.

Aussitôt le Grand-Seigneur fit mettre aux sept tours les ambassadeurs moscovites déjà aussi accoutumés à aller en prison qu'à l'audience. La guerre est de nouveau déclarée contre le Czar, les queues de cheval arborées, les ordres donnés à tous les bachas d'assembler une armée de deux cent mille combattans. Le Sultan lui-même quitta Constantinople, et vint établir sa Cour à Andrinople, pour être moins éloigné du théâtre de la guerre.

Pendant ce temps, une ambassade solennelle envoyée au Grand-Seigneur, de la part d'Auguste et de la république de Pologne, s'avançait sur le chemin d'Andrinople; le palatin de Mazovie était à la tête de l'ambassade, avec une suite de trois cents personnes.

Tout ce qui composait l'ambassade fut arrêté et retenu prisonnier dans l'un des faubourgs de la ville : jamais le parti du roi de Suède ne s'était plus flatté que dans cette occasion ; cependant ce grand appareil devint encore inutile, et toutes ses espérances furent trompées.

Si l'on en croit un ministre public, hommes sage et clairvoyant, qui résidait alors à Constantinople, le jeune Coumourgi roulait déjà dans sa tête d'autres desseins, que de disputer des déserts au czar de Moscovie dans une guerre douteuse. Il projetait d'enlever aux Vénitiens le Péloponèse, nommé aujourd'hui la Morée, et de se rendre maître de la Hongrie.

Il n'attendait, pour exécuter ses grands desseins, que l'emploi de premier visir dont sa jeunesse l'écartait encore. Dans cette idée, il avait plus besoin d'être l'allié que l'ennemi du Czar : son intérêt ni sa volonté n'étaient pas de garder plus long-temps le roi de

Suède, encore moins d'armer la Turquie en sa faveur. Non-seulement il voulait renvoyer ce prince, mais il disait ouvertement qu'il ne fallait plus souffrir désormais aucun ministre chrétien à Constantinople ; que tous ces ambassadeurs ordinaires n'étaient que des espions honorables, qui corrompaient ou qui trahissaient les visirs, et donnaient depuis trop long-temps le mouvement aux intrigues du sérail ; que les Francs établis à Péra et dans les échelles du levant, sont des marchands qui n'ont besoin que d'un consul et non d'un ambassadeur. Le grand-visir, qui devait son établissement et sa vie même au favori, et qui de plus le craignait, se conformait à ses intentions, d'autant plus aisément, qu'il s'était vendu aux Moscovites, et qu'il espérait se venger du roi de Suède qui avait voulu le perdre. Le Muphty, créature d'Ali Coumourgi, était aussi l'esclave de ses volontés : il avait conseillé la guerre contre le Czar, quand le favori la voulait, et il la trouva injuste dès que ce jeune homme eut changé d'avis ; ainsi à peine l'armée fut assemblée, qu'on écouta des propositions d'accommodement. Le vice-chancelier Schaffirof, et le jeune Czeremetof, plénipotentiaires et ôtages du Czar à la Porte, promirent, après bien des négociations, que le Czar retirerait ses troupes de la Pologne. Le grand-visir, qui savait bien que le Czar n'exécuterait pas ce traité, ne laissa pas de le signer ; et le Sultan, content d'avoir en apparence imposé des lois aux Moscovites, resta encore à Andrinople. Ainsi on vit en moins de six mois la paix jurée avec le Czar, ensuite la guerre déclarée, et la paix renouvelée encore.

Le principal article de tous ces traités, fut toujours qu'on ferait partir le roi de Suède. Le Sultan ne voulait point compromettre son honneur et celui de l'empire ottoman, en exposant le Roi à être pris sur la route par ses ennemis. Il fut stipulé qu'il partirait; mais que les ambassadeurs de Pologne et de Moscovie répondraient de la sûreté de sa personne; ces ambassadeurs jurèrent au nom de leurs maîtres, que ni le Czar, ni le roi Auguste ne troubleraient son passage; et que Charles, de son côté ne tenterait d'exciter aucun mouvement en Pologne. Le divan ayant ainsi réglé la destinée de Charles, Ismaël, serasquier, de Bender, se transporta à Varnitza, où le Roi était campé, et vint lui rendre compte des résolutions de la Porte, en lui insinuant adroitement qu'il n'y avait plus à différer, et qu'il fallait partir.

Charles ne répondit autre chose sinon, que le Grand-Seigneur lui avait promis une armée et non une escorte, et que des Rois devaient tenir leur parole.

Cependant le général Flemming, ministre et favori du roi Auguste, entretenait une correspondance secrète avec le kan de Tartarie, et le serasquier de Bender. La Mare, gentilhomme français, colonel au service de Saxe, avait fait plus d'un voyge de Bender à Dresde, et tous ces voyages étaient suspects.

Précisément dans ce temps, le roi de Suède fit arrêter, sur les frontières de la Valachie, un courrier que Flemming envoyait au prince de Tartarie. Les lettres lui furent apportées ; on les déchiffra : on y vit une intelligence marquée entre les Tartares et la cour de Dresde; mais elles étaient conçues en termes si ambigus et si généraux, qu'il était difficile de démêler, si le but du roi Auguste était seulement de détacher les Turcs du parti de la Suède;

ou s'il voulait que le kan livrât Charles à ses Saxons, en le reconduisant en Pologne.

Il semblait difficile d'imaginer qu'un prince aussi généreux qu'Auguste, voulût, en saisissant la personne du roi de Suède, hasarder la vie de ses ambassadeurs, et de trois cents gentilshommes polonais qui étaient retenus dans Andrinople, comme des gages de la sûreté de Charles.

Mais d'un autre côté, on savait que Flemming, ministre absolu d'Auguste, était très-délié et peu scrupuleux. Les outrages faits au roi électeur par le roi de Suède, semblaient rendre toute vengeance excusable; et on pouvait penser que si la cour de Dresde achetait Charles du kan des Tartares, elle pourrait acheter aisément de la cour ottomane, la liberté des ôtages polonais.

Ces raisons furent agitées entre le Roi, Mullern son chancelier privé, et

Grothusen son favori. Ils lurent et relurent les lettres; et la malheureuse situation où ils étaient, les rendant plus soupçonneux, ils se déterminèrent à croire ce qu'il y avait de plus triste.

Quelques jours après, le Roi fut confirmé dans ses soupçons par le départ précipité du comte Sapieha, réfugié auprès de lui, qui le quitta brusquement pour aller en Pologne se jeter entre les bras d'Auguste. Dans toute autre occasion, Sapieha ne lui aurait paru qu'un mécontent; mais dans ces conjonctures délicates, il ne balança pas à le croire un traître. Les instances réitérées qu'on lui fit alors de partir, changèrent ses soupçons en certitude. L'opiniâtreté de son caractère se joignant à toutes ces vraisemblances, il demeura ferme dans l'opinion qu'on voulait le trahir et le livrer à ses ennemis, quoique ce complot n'ait jamais été prouvé.

Il pouvait se tromper dans l'idée qu'il avait que le roi Auguste avait marchandé sa personne avec les Tartares; mais il se trompait encore davantage en comptant sur le secours de la cour ottomane. Quoi qu'il en soit, il résolut de gagner du temps.

Il dit au bacha de Bender, qu'il ne pouvait partir sans avoir auparavant de quoi payer ses dettes; car quoiqu'on lui eût rendu depuis long-temps son thaïm, ses libéralités l'avaient toujours forcé d'emprunter. Le bacha lui demanda ce qu'il voulait; le Roi répondit au hasard mille bourses, qui font quinze cents mille francs de notre argent, en monnaie forte. Le pacha en écrivit à la Porte : le Sultan au lieu de mille bourses qu'on lui demandait, en accorda douze cents, et écrivit au bacha la lettre suivante.

LETTRE du Grand-Seigneur au bacha de Bender.

Le but de cette lettre impériale, est pour vous faire savoir que sur votre recommandation et représentation, et sur celle du très-noble Delvet Gherai kan, à notre sublime Porte, *notre impériale magnificence a accordé mille bourses au roi de Suède, qui seront envoyées à Bender sous la conduite et la charge du très-illustre Mehemet bacha, ci-devant chiaoux pachi, pour rester sous votre garde jusqu'au temps du départ du roi de Suède, dont Dieu dirige les pas; et lui être données alors avec deux cents bourses de plus, comme un surcroît de notre libéralité impériale qui excède sa demande.*

Quant à la route de Pologne *qu'il est résolu de prendre, vous aurez soin, vous et le kan, qui devez l'ac-*

Pendant qu'on attendait cette réponse du Grand-Seigneur, le Roi écrivit à la Porte, pour se plaindre de la trahison dont il soupçonnait le kan des Tartares; mais les passages étaient bien gardés, de plus le ministère lui était contraire, les lettres ne parvinrent point au Sultan; le visir empêcha même M. Desalleurs de venir à Andrinople où était la Porte, de peur que ce ministre qui agissait pour le roi de Suède, ne voulût déranger le dessein qu'on avait de le faire partir.

Charles, indigné de se voir en quelque sorte chassé des terres du Grand-Seigneur, se détermina à ne point partir du tout.

Il pouvait demander à s'en retourner par les terres d'Allemagne, ou s'embarquer sur la mer Noire, pour se rendre à Marseille par la Méditerranée; mais il aima mieux ne demander rien, et attendre les événemens.

Quand les douze cents bourses furent

arrivées, son trésorier Grothusen qui avait appris la langue turque dans ce long séjour, alla voir le bacha sans interprète, dans le dessein de tirer de lui les douze cents bourses, et de former ensuite à la Porte quelqu'intrigue nouvelle, toujours sur cette fausse supposition, que le parti suédois armerait enfin l'empire ottoman contre le Czar.

Grothusen dit au bacha que le roi ne pouvait avoir ses équipages prêts sans argent; mais, dit le bacha, c'est nous qui ferons tous les frais de votre départ; votre maître n'a rien à dépenser tant qu'il sera sous la protection du mien.

Grothusen répliqua qu'il y avait tant de différence entre les équipages turcs, et ceux des Francs, qu'il fallait avoir recours aux artisans suédois et polonais qui étaient à Varnitza.

Il l'assura que son maître était disposé à partir, et que cet argent faciliterait et avancerait son départ. Le bacha, trop confiant, donna les douze cents bourses ; il vint quelques jours après demander au Roi d'une manière très-respectueuse, les ordres pour le départ.

Sa surprise fut extrême quand le Roi lui dit qu'il n'était pas prêt de partir, et qu'il lui fallait encore mille bourses. Le bacha, confondu à cette réponse, fut quelque temps sans pouvoir parler. Il se retira vers une fenêtre, où on le vit verser quelques larmes. Ensuite s'adressant au Roi, il m'en coûtera la tête, dit-il, pour avoir obligé ta majesté : j'ai donné les douze cents bourses malgré l'ordre exprès de mon Souverain ; ayant dit ces paroles, il s'en retournait plein de tristesse.

Le roi l'arrêta, et lui dit qu'il l'excuserait auprès du Sultan. Ah ! repartit le Turc en s'en allant, mon maître ne sait point excuser les fautes, il ne sait que les punir.

Ismaël bacha alla apprendre cette

nouvelle au kan des Tartares, lequel ayant reçu le même ordre que le bacha de ne point souffrir que les douze cents bourses fussent données avant le départ du Roi, et ayant consenti qu'on délivrât cet argent, appréhendait aussi bien que le bacha l'indignation du Grand-Seigneur. Ils écrivirent tous deux à la Porte pour se justifier : ils protestèrent qu'ils n'avaient donné les douze cents bourses que sur les promesses positives d'un ministre du Roi de partir sans délai ; et ils supplièrent Sa Hautesse, que le refus du Roi ne fût point attribué à leur désobéissance.

Charles persistant toujours dans l'idée que le kan et le bacha voulaient le livrer à ses ennemis, ordonna à M. Funk, alors son envoyé auprès du Grand-Seigneur, de porter contre eux ses plaintes, et de demander encore mille bourses. Son extrême générosité, et le peu de cas qu'il faisait de l'argent, l'empêchaient de sentir qu'il y avait de l'avilissement dans cette proposition. Il ne la faisait que pour s'attirer un refus, et pour avoir un nouveau prétexte de ne point partir. Mais c'était être réduit à d'étranges extrémités, que d'avoir besoin de pareils artifices. Savari, son interprète, homme adroit et entreprenant, porta sa lettre à Andrinople, malgré la sévérité avec laquelle le grand-visir faisait garder les passages.

Funk fut obligé d'aller faire cette demande dangereuse. Pour toute réponse, on le fit mettre en prison. Le Sultan, indigné, fit assembler un divan extraordinaire, et y parla lui-même, ce qu'il ne fait que très-rarement. Tel fut son discours, selon la traduction qu'on en fit alors.

« Je n'ai presque connu le roi de
« Suède que par la défaite de Pultava,
« et par la prière qu'il m'a faite de lui
« accorder un asile dans mon empire:

« je n'ai, je crois, nul besoin de lui, et « n'ai sujet de l'aimer, ni de le craindre; « cependant sans consulter d'autres « motifs que l'hospitalité d'un musul- « man, et ma générosité qui répand la « rosée de ses faveurs sur les grands « comme sur les petits, sur les étran- « gers comme sur mes sujets, je l'ai reçu « et secouru de tout, lui, ses ministres, « ses officiers, ses soldats, et n'ai cessé « pendant trois ans et demi de l'acca- « bler de présens.

« Je lui ai accordé une escorte con- « sidérable pour le conduire dans ses « états. Il a demandé mille bourses « pour payer quelques frais, quoique « je les fasse tous : au lieu de mille, j'en « ai accordé douze cents; après les avoir « tirées de la main du serasquier de « Bender, il en demande encore mille « autres, et ne veut point partir, sous « prétexte que l'escorte est trop petite,

« au lieu qu'elle n'est que trop grande « pour passer par un pays ami.

« Je demande donc si c'est violer les « lois de l'hospitalité, que de renvoyer « ce prince, et si les puissances étran- « gères doivent m'accuser de violence « et d'injustice, en cas qu'on soit ré- « duit à le faire partir par force. » Tout le divan répondit que le Grand-Seigneur agissait avec just ce.

Le muphti déclara que l'hospitalité n'est point de commande aux musulmans envers les infidèles, encore moins envers les ingrats ; et il donna son fetfa, espèce de mandement qui accompagne presque toujours les ordres importans du Grand-Seigneur ; ces fetfa sont révérés comme des oracles, quoique ceux dont ils émanent soient des esclaves du Sultan comme les autres.

L'ordre et le fetfa furent portés à Bender par le *bouyouk imraour*, grand-maître des écuries, et un chiaou bacha, premier huissier. Le bacha de Bender reçut l'ordre chez le kan des Tartares ; aussitôt il alla à Varnitza demander si le Roi voulait partir comme ami, ou le réduire à exécuter les ordres du Sultan.

Charles XII menacé n'était pas maître de sa colère. Obéis à ton maître, si tu l'oses, lui dit-il, et sors de ma présence. Le bacha indigné s'en retourna au grand galop, contre l'usage ordinaire des Turcs: en s'en retournant il rencontra Fabrice, et lui cria, toujours en courant : le Roi ne veut point écouter la raison ; tu vas voir des choses bien étranges. Le jour même il retrancha les vivres au Roi, et lui ôta sa garde de janissaires. Il fit dire aux Polonais et aux Cosaques, qui étaient à Varnitza, que s'ils voulaient avoir des vivres, il fallait quitter le camp du roi de Suède, et venir se mettre dans la ville de Bender, sous la protection de la Porte. Tous obéirent et laissèrent le Roi réduit aux officiers de sa maison, et à trois cents soldats suédois, contre vingt mille Tartares et six mille Turcs.

Il n'y avait plus de provisions dans le camp pour les hommes ni pour les chevaux.

Le Roi ordonna qu'on tuât hors du camp, à coups de fusil, vingt de ces beaux chevaux arabes que le Grand-Seigneur lui avait envoyés, en disant : Je ne veux ni de leurs provisions, ni de leurs chevaux. Ce fut un régal pour les troupes tartares, qui, comme on sait, trouvent la chair de cheval délicieuse. Cependant, les Turcs et les Tartares investirent de tous côtés le petit camp du Roi.

Ce prince, sans s'étonner, fit faire des retranchemens réguliers par ses trois cents Suédois : il y travailla lui-même; son chancelier, son trésorier, ses secrétaires, ses valets de chambre, tous ses domestiques aidaient à l'ouvrage. Les uns barricadaient les fenêtres, les autres enfonçaient des solives derrière les portes en forme d'arc-boutans.

Quand on eut bien barricadé la maison, et que le Roi eut fait le tour de ses prétendus retranchemens, il se mit à jouer aux échecs tranquillement avec son favori Grothusen, comme si tout eût été dans une sécurité profonde; heureusement Fabrice, l'envoyé de Holstein, ne s'était point logé à Varnitza, mais dans un petit village entre Varnitza et Bender, où demeurait aussi M. Jeffreys, envoyé d'Angleterre auprès du roi de Suède. Ces deux ministres voyant l'orage prêt à éclater, prirent sur eux de se rendre médiateurs entre les Turcs et le Roi. Le kan, et surtout le bacha de Bender, qui n'avait nulle envie de faire violence à ce Monarque, reçurent avec empressement les offres de ces deux ministres : ils eurent ensemble à Bender deux conférences, où assistèrent cet huissier du sérail et le grand-maître des écuries, qui avaient apporté l'ordre du Sultan et le fetfa du muphti.

Monsieur Fabrice * leur avoua que Sa Majesté suédoise avait de justes raisons de croire qu'on voulait le livrer à ses ennemis en Pologne. Le kan, le bacha et les autres jurèrent sur leurs têtes, et prirent Dieu à témoin qu'ils détestaient une aussi horrible perfidie, qu'ils verseraient tout leur sang plutôt que de souffrir qu'on manquât seulement de respect au Roi en Pologne; ils dirent qu'ils avaient entre leurs mains les ambassadeurs moscovites et polonais, dont la vie leur répondait du moindre affront qu'on oserait faire au roi de Suède. Enfin, ils se plaignirent amèrement des soupçons outrageans que le Roi concevait sur des personnes qui l'avaient si bien reçu et si bien traité. Quoique les ser-

* Tout ceci est rapporté par M. Fabrice dans ses lettres.

mens ne soient souvent que le langage de la perfidie, M. Fabrice se laissa persuader par ces barbares : il crut voir dans leurs protestations cet air de vérité que le mensonge n'imite jamais qu'imparfaitement. Il savait bien qu'il y avait eu une secrète correspondance entre le kan tartare et le roi Auguste; mais il demeura convaincu qu'il ne s'était agi, dans leur négociation, que de faire sortir Charles XII des terres du Grand-Seigneur. Soit que M. Fabrice se trompât ou non, il les assura qu'il représenterait au Roi l'injustice de ses défiances. Mais prétendez-vous le forcer à partir? ajouta-t-il. Oui, dit le bacha, tel est l'ordre de notre maître. Alors il les pria encore une fois de bien considérer si cet ordre était de verser le sang d'une tête couronnée? Oui, répliqua le kan en colère, si cette tête couronnée désobéit au Grand-Seigneur dans son Empire.

Cependant, tout étant prêt pour l'assaut, la mort de Charles XII paraissait inévitable, et l'ordre du Sultan n'étant pas positivement de le tuer, en cas de résistance, le bacha engagea le kan à souffrir qu'on envoyât dans le moment un exprès à Andrinople, où était alors le Grand-Seigneur, pour avoir les derniers ordres de sa Hautesse.

Monsieur Jeffreys et M. Fabrice ayant obtenu ce peu de relâche, courent en avertir le Roi : ils arrivent avec l'empressement de gens qui apportaient une nouvelle heureuse, mais ils furent très-froidement reçus; il les appela médiateurs volontaires, et persista à soutenir que l'ordre du Sultan, et le fetfa du muphti étaient forgés, puisqu'on venait d'envoyer demander de nouveaux ordres à la Porte.

Le ministre anglais se retira, bien résolu de ne se plus mêler des affaires d'un prince si inflexible; M. Fabrice, aimé du Roi, et plus accoutumé à son humeur que le ministre anglais, resta avec lui pour le conjurer de ne pas hasarder une vie si précieuse, dans une occasion si inutile.

Le Roi, pour toute réponse, lui fit voir ses retranchemens et le pria d'employer sa médiation, seulement pour lui faire avoir des vivres; on obtint aisément des Turcs de laisser passer des provisions dans le camp du Roi, en attendant que le courrier fût revenu d'Andrinople.

Le kan même avait défendu à ses Tartares impatiens du pillage, de rien attenter contre les Suédois, jusqu'à nouvel ordre. De sorte que Charles XII sortait quelquefois de son camp avec quarante chevaux, et courait au milieu des troupes tartares, qui lui laissaient respectueusement le passage libre; il marchait même droit à leurs rangs, et ils s'ouvraient plutôt que de résister.

Enfin, l'ordre du Grand-Seigneur étant

venu, de passer au fil de l'épée tous les Suédois qui feraient la moindre résistance, et de ne pas épargner la vie du Roi, le bacha eut la complaisance de montrer cet ordre à M. Fabrice, afin qu'il fît un dernier effort sur l'esprit de Charles. Fabrice vint faire aussitôt ce triste rapport. Avez-vous vu l'ordre dont vous parlez, dit le Roi. Oui, répondit Fabrice. Eh bien, dites-leur de ma part que c'est un second ordre qu'ils ont supposé, et que je ne veux point partir. Fabrice se jeta à ses pieds, se mit en colère, lui reprocha son opiniâtreté : tout fut inutile. Retournez à vos Turcs, lui dit le Roi en souriant; s'ils m'attaquent, je saurai bien me défendre.

Les chapelains du Roi se mirent aussi à genoux devant lui, le conjurant de ne pas exposer à un massacre certain les malheureux restes de Pultava, et surtout sa personne sacrée; l'assurant de plus que cette résistance était injuste, qu'il violait les droits de l'hospitalité, en s'opiniâtrant à rester par force chez des étrangers qui l'avaient si long-temps et si généreusement secouru. Le Roi, qui ne s'était point fâché contre Fabrice, se mit en colère contre ses prêtres, et leur dit qu'il les avait pris pour faire les prières, et non pour lui dire leurs avis.

Le général Hord et le général Dardoff, dont le sentiment avait toujours été de ne pas tenter un combat, dont la suite ne pouvait être que funeste, montrèrent au Roi leurs estomacs couverts de blessures reçues à son service; et l'assurant qu'ils étaient prêts de mourir pour lui, ils le supplièrent que ce fût au moins dans une occasion plus nécessaire. Je sais par vos blessures et par les miennes, leur dit Charles XII, que nous avons vaillamment combattu ensemble; vous avez fait votre devoir jusqu'à présent, faites-le encore aujourd'hui. Il n'y eut plus alors qu'à obéir; chacun eut honte de ne pas chercher à mourir avec le Roi. Ce prince préparé à l'assaut, se flattait en secret du plaisir et de l'honneur de soutenir, avec trois cents Suédois, les efforts de toute une armée. Il plaça chacun à son poste : son chancelier Mullern, le secrétaire Empreüs et les clercs, devaient défendre la maison de la chancellerie : le baron Fief à la tête des officiers de la bouche, était à un autre poste : les palefreniers, les cuisiniers avaient un autre endroit à garder, car avec lui tout était soldat; il courait à cheval de ses retranchemens à sa maison, promettant des récompenses à tout le monde, créant des officiers, et assurant de faire capitaines les moindres valets qui combattraient avec courage.

On ne fut pas long-temps sans voir l'armée des Turcs et des Tartares, qui venaient attaquer le petit retranchement avec dix pièces de canon et deux mortiers. Les queues de cheval flottaient en l'air; les clairons sonnaient, les cris de *alla, alla* se faisaient entendre de tous côtés. Le baron de Grothusen remarqua que les Turcs ne mêlaient dans leurs cris aucune injure contre le Roi, et qu'ils l'appelaient seulement *Demirbash*, tête de fer. Aussitôt il prend le parti de sortir seul sans armes des retranchemens; il s'avança dans les rangs des janissaires, qui, presque tous, avaient reçu de l'argent de lui. « Eh, quoi! mes amis, leur « dit-il en propres mots, venez-vous « massacrer trois cents Suédois sans dé« fense? Vous, braves Janissaires, qui « avez pardonné à cent mille Russes, « quand ils vous ont crié *amman*, « pardon, avez-vous oublié les bienfaits « que vous avez reçus de nous! et vou« lez-vous assassiner ce grand roi de « Suède que vous aimez tant, et qui « vous a fait tant de libéralités? Mes

« amis, il ne demande que trois jours,
« et les ordres du Sultan ne sont pas si
« sévères qu'on vous le fait croire. »

Ces paroles firent un effet que Grothusen n'attendait pas lui-même. Les janissaires jurèrent sur leurs barbes, qu'ils n'attaqueraient point le Roi, et qu'ils lui donneraient les trois jours qu'il demandait. En vain on donna le signal de l'assaut : les janissaires loin d'obéir, menacèrent de se jeter sur leurs chefs, si l'on n'accordait pas trois jours au roi de Suede : ils vinrent en tumulte à la tente du bacha de Bender, criant que les ordres du Sultan étaient supposés ; à cette sédition inopinée, le bacha n'eut à opposer que la patience.

Il feignit d'être content de la généreuse résolution des janissaires, et leur ordonna de se retirer à Bender. Le kan des Tartares, homme violent, voulait donner immédiatement l'assaut avec ses troupes ; mais le bacha qui ne prétendait pas que les Tartares eussent seuls l'honneur de prendre le Roi, tandis qu'il serait puni peut-être de la désobéissance de ses janissaires, persuada au kan d'attendre jusqu'au lendemain.

Le bacha de retour à Bender, assembla tous les officiers des janissaires, et les plus vieux soldats; il leur lut et leur fit voir l'ordre positif du Sultan et le fetfa du muphty.

Soixante des plus vieux, qui avaient des barbes blanches vénérables, et qui avaient reçu mille présens des mains du Roi, proposèrent d'aller eux-mêmes le supplier de se remettre entre leurs mains, et de souffrir qu'ils lui servissent de gardes.

Le bacha le permit; il n'y avait point d'expédient qu'il n'eût pris, plutôt que d'être réduit à faire tuer ce prince. Ces soixante vieillards allèrent donc le lendemain matin à Varnitza, n'ayant dans leurs mains que de longs bâtons blancs, seules armes des janissaires quand ils ne vont point au combat ; car les Turcs regardent comme barbare la coutume des chrétiens, de porter des épées en temps de paix, et d'entrer armés chez leurs amis et dans leurs églises.

Ils s'adressèrent au baron de Grothusen et au chancelier Mullern ; ils leur dirent qu'ils venaient dans le dessein de servir de fidèles gardes au Roi, et que s'il voulait, ils le conduiraient à Andrinople, où il pourrait parler lui-même au Grand-Seigneur. Dans le temps qu'ils faisaient cette proposition, le Roi lisait des lettres qui arrivaient de Constantinople, et que Fabrice, qui ne pouvait plus le voir, lui avait fait tenir secrètement par un janissaire. Elles étaient du comte Poniatowsky, qui ne pouvait le servir à Bender, ni à Andrinople, étant retenu à Constantinople par ordre de la Porte, depuis l'indiscrète demande des mille bourses. Il mandait au Roi que les ordres du Sultan pour saisir ou massacrer sa personne royale en cas de résistance, n'étaient que trop réels; qu'à la vérité le Sultan était trompé par ses ministres, mais que plus l'Empereur était trompé dans cette affaire, plus il voulait être obéi; qu'il fallait céder au temps et plier sous la nécessité; qu'il prenait la liberté de lui conseiller de tout tenter auprès des ministres par la voie des négociations; de ne point mettre de l'inflexibilité où il ne fallait que de la douceur, et d'attendre de la politique et du temps le remède à un mal que la violence aigrirait sans ressource.

Mais ni les propositions de ces vieux janissaires, ni les lettres de Poniatowsky, ne purent donner seulement au Roi l'idée qu'il pouvait fléchir sans déshonneur. Il aimait mieux mourir de la main des Turcs, que d'être en quelque sorte leur prisonnier : il renvoya ces janissaires sans les vouloir voir, et leur fit dire que s'ils ne se retiraient, il leur ferait couper la barbe ; ce qui est dans l'orient le plus outrageant de tous les affronts.

Les vieillards, remplis de l'indignation la plus vive, s'en retournèrent en criant : Ah ! la tête de fer, puisqu'il veut périr qu'il périsse. Ils vinrent rendre compte au bacha de leur commission, et apprendre à leurs camarades, à Bender, l'étrange réception qu'on leur avait faite. Tous jurèrent alors d'obéir aux ordres du bacha sans délai, et eurent autant d'impatience d'aller à l'assaut, qu'ils en avaient eu peu le jour précédent.

L'ordre est donné dans le moment : les Turcs marchent aux retranchemens : les Tartares les attendaient déjà, et les canons commençaient à tirer.

Les janissaires d'un côté, et les Tartares de l'autre, forcent en un instant ce petit camp ; à peine vingt Suédois tirèrent l'épée, les trois cents soldats furent enveloppés et faits prisonniers sans résistance. Le Roi était alors à cheval, entre sa maison et son camp avec les généraux Hord, Dardoff et Sparre : voyant que tous ses soldats s'étaient laissés prendre en sa présence, il dit de sang froid à ces trois officiers : Allons défendre la maison; nous combattrons, ajoute-t-il en souriant, *pro aris et focis.*

Aussitôt il galope avec eux vers cette maison où il avait mis environ quarante domestiques en sentinelle, et qu'on avait fortifiée du mieux qu'on avait pu.

Ces généraux, tout accoutumés qu'ils étaient à l'opiniâtre intrépidité de leur maître, ne pouvaient se lasser d'admirer qu'il voulût de sang froid, et en plaisentant, se défendre contre dix canons et toute une armée; ils le suivirent avec quelques gardes et quelques domestiques, qui faisaient en tout vingt personnes.

Mais quand ils furent à la porte, ils la trouvèrent assiégée de janissaires, déjà même près de deux cents Turcs ou Tartares étaient entrés par une fenêtre, et s'étaient rendu maîtres de tous les appartemens, à la réserve d'une grande salle où les domestiques du Roi s'étaient retirés. Cette salle était heureusement près de la porte par où le Roi voulait entrer avec sa petite troupe de vingt personnes ; il s'était jeté en bas de son cheval, le pistolet et l'épée à la main, et sa suite en avait fait autant.

Les janissaires tombent sur lui de tous côtés ; ils étaient animés par la promesse qu'avait fait le bacha de huit ducats d'or à chacun de ceux qui auraient seulement touché son habit, en cas qu'on pût le prendre. Il blessait et il tuait tous ceux qui s'approchaient de sa personne. Un janissaire qu'il avait blessé, lui appuya son mousqueton sur le visage : si le bras du Turc n'avait fait un mouvement causé par la foule qui allait et qui venait comme des vagues, le Roi était mort; la balle glissa sur son nez, lui emporta un bout de l'oreille, et alla casser le bras au général Hord, dont la destinée était d'être toujours blessé à côté de son maître.

Le Roi enfonça son épée dans l'estomac du janissaire; en même-temps ses domestiques qui étaient enfermés dans la grande salle en ouvrent la porte: le Roi entre comme un trait, suivi de sa petite troupe; on referme la porte dans l'instant, et on la barricade avec tout ce qu'on peut trouver.

Voilà Charles XII dans cette salle enfermé avec toute sa suite, qui consistait en près de soixante hommes, officiers, gardes, secrétaires, valet-de-chambre, domestiques de toute espèce.

Les janissaires et les Tartares pillaient le reste de la maison, et remplissaient les appartemens. Allons un peu chasser de chez moi ces barbares, dit-il; et se mettant à la tête de son monde, il ouvrit lui-même la porte de la salle qui donnait dans son appartement à coucher; il entre et fait feu sur ceux qui pillaient.

Les Turcs chargés de butin, épouvantés de la subite apparition de ce Roi qu'ils étaient accoutumés à respecter, jettent leurs armes, sautent par la fenêtre, ou se retirent jusque dans les caves; le Roi profitant de leur désordre, et les siens animés par le succès, poursuivent les Turcs de chambre en chambre, tuent ou blessent ceux qui ne fuient point, et en un quart d'heure nettoient la maison d'ennemis.

Le Roi aperçut, dans la chaleur du combat, deux janissaires qui se cachaient sous son lit; il en tua un d'un coup d'épée; l'autre lui demanda pardon en criant *amman*. Je te donne la vie, dit le Roi au Turc, à condition que tu iras faire au bacha un fidèle récit de ce que tu as vu : le Turc promit aisément ce qu'on voulut, et on lui permit de sauter par la fenêtre comme les autres.

Les Suédois étant enfin maîtres de la maison, enfermèrent et barricadèrent encore les fenêtres. Ils ne manquaient point d'armes : une chambre basse, pleine de mousquets et de poudre, avait échappé à la recherche tumultueuse des janissaires : on s'en servit à propos ; les Suédois tiraient à travers les fenêtres presque à bout portant sur cette multitude de Turcs, dont ils tuèrent deux cents en moins d'un demi-quart d'heure.

Le canon tirait contre la maison ; mais les pierres étant fort molles, il ne faisait que des trous, et ne renversait rien.

Le kan des Tartares et le pacha qui voulaient prendre le Roi en vie, honteux de perdre du monde, et d'occuper une armée entière contre soixante personnes, jugèrent à propos de mettre le feu à la maison, pour obliger le Roi de se rendre. Ils firent lancer sur le toit, contre les portes, et contre les fenêtres, des flêches entortillées de mêches allumées : la maison fut en flammes en un moment. Le toit tout embrasé était prêt à fondre sur les Suédois. Le Roi donna tranquillement ses ordres pour éteindre le feu. Trouvant un petit baril plein de liqueur : il prend le baril lui-même, et aidé de deux Suédois, il le jette à l'endroit où le feu était le plus violent. Il se trouva que ce baril était rempli d'eau-de-vie ; mais la précipitation, inséparable d'un tel embarras, empêcha d'y penser. L'embrasement redoubla avec plus de rage, l'appartement du Roi était consumé, la grande salle où les Suédois se tenaient, était remplie d'une fumée affreuse, mêlée de tourbillons de feu qui entraient par les portes des appartemens voisins ; la moitié du toit était abîmée dans la maison même, l'autre tombait en dehors en éclatant dans les flammes.

Un garde nommé Walberg, osa, dans cette extrémité, crier qu'il fallait se rendre. Voilà un étrange homme, dit le Roi, qui s'imagine qu'il n'est pas plus beau d'être brûlé que d'être prisonnier. Un autre garde, nommé Rosen, s'avisa de dire que la maison de la chancellerie, qui n'était qu'à cinquante pas, avait un toit de pierre, et était à l'épreuve du feu; qu'il fallait faire une sortie, gagner cette maison, et s'y défendre. Voilà un vrai Suédois, s'écria le Roi : il embrassa ce garde, et le créa colonel sur le champ. Allons, mes amis, dit-il, prenez avec vous le plus de poudre et de plomb que vous pourrez, et gagnons la chancellerie, l'épée à la main.

Les Turcs, qui cependant entouraient cette maison toute embrasée, voyaient avec une admiration mêlée d'épouvante, que les Suédois n'en sortaient point;

mais leur étonnement fut encore plus grand, lorsqu'ils virent ouvrir les portes, et le Roi et les siens fondre sur eux en désespérés. Charles et ses principaux officiers, étaient armés d'épées et de pistolets; chacun tira deux coups à la fois, à l'instant que la porte s'ouvrit; et dans le même clin d'œil, jetant leurs pistolets et s'armant de leurs épées, ils firent reculer les Turcs plus de cinquante pas. Mais le moment d'après, cette petite troupe fut entourée : le Roi qui était en bottes, selon sa coutume, s'embarrassa dans ses éperons, et tomba : vingt-un janissaires se jettent aussitôt sur lui; il jette en l'air son épée, pour s'épargner la douleur de la rendre; les Turcs l'emmènent au quartier du bacha, les uns le tenant sous les jambes, les autres sous les bras, comme on porte un malade que l'on craint d'incommoder.

Au moment que le Roi se vit saisi,

la violence de son tempérament et la fureur où un combat si long et si terrible avaient dû le mettre, firent place tout-à-coup à la douceur et à la tranquillité. Il ne lui échappa pas un mot d'impatience, pas un coup-d'œil de colère. Il regardait les janissaires en souriant, et ceux-ci le portaient en criant *alla*, avec une indignation mêlée de respect. Ses officiers furent pris au même temps, et dépouillés par les Turcs et par les Tartares. Ce fut le 12 février de l'an 1713, qu'arriva cet étrange événement, qui eut encore des suites singulières.

FIN DU SIXIÈME LIVRE.

LIVRE SEPTIÈME.

Les Turcs transfèrent Charles à Démirtash — Le roi Stanislas est pris dans le même temps. — Action hardie de M. de Villelongue. — Révolution dans le sérail. — Batailles données en Poméranie. — Altena brûlée par les Suédois. — Charles part enfin pour retourner dans ses États. — Sa manière étrange de voyager. — Son arrivée à Stralsund. — Disgrâces de Charles. — Succès de Pierre-le-Grand. — Son triomphe dans Pétersbourg.

Le bacha de Bender attendait Charles gravement dans sa tente, ayant près de lui Marco pour interprète. Il reçut ce prince avec un profond respect, et le supplia de se reposer sur un sofa; mais le Roi ne prenant pas seulement garde aux civilités du Turc, se tint debout dans la tente.

Le Tout-Puissant soit béni, dit le bacha, de ce que Ta Majesté est en vie : mon désespoir est amer, d'avoir été réduit par Ta Majesté à exécuter les ordres de Sa Hautesse. Le Roi, fâché seulement de ce que ses trois cents soldats s'étaient laissés prendre dans leurs retranchemens, dit au bacha : Ah! s'ils s'étaient défendus comme ils le devaient, on ne nous aurait pas forcés en dix jours. Hélas! dit le Turc, voilà du courage bien mal employé. Il fit reconduire le Roi à Bender, sur un cheval richement caparaçonné. Ses Suèdois étaient ou tués ou pris : tout son équipage, ses meubles, ses papiers, ses hardes les plus nécessaires, pillés ou brûlés; on voyait sur les chemins, les officiers suédois presque nus, enchaînés deux à deux, et suivant à pied des Tartares ou des janissaires. Le chancelier, les généraux n'avaient point un autre sort; ils étaient esclaves des soldats à qui ils étaient échus en partage.

Ismaël, bacha, ayant conduit Charles XII dans son sérail de Bender, lui céda son appartement et le fit servir en Roi, non sans prendre la précaution de mettre des janissaires en sentinelle à la porte de la chambre. On lui prépara un lit; mais il se jeta tout botté sur un sofa, et dormit profondément. Un officier qui se tenait debout auprès de lui, lui couvrit la tête d'un bonnet, que le Roi jeta en se réveillant de son premier sommeil; et le Turc voyait avec étonnement un souverain qui couchait en bottes et nue tête. Le lendemain matin, Ismaël introduisit Fabrice dans la chambre du Roi. Fabrice trouva ce prince avec ses habits déchirés, ses bottes, ses mains, et toute sa personne couverte de sang et de poudre, les sourcils brûlés; mais l'air serein dans cet état affreux.

Il se jeta à genoux devant lui, sans pouvoir proférer une seule parole : rassuré bientôt par la manière libre et douce dont le Roi lui parlait, il reprit avec lui sa familiarité ordinaire, et tous deux s'entretinrent en riant du combat de Bender. On prétend, dit Fabrice, que Votre Majesté a tué vingt janissaires de sa main. Bon, bon, dit le Roi, on augmente toujours les choses de la moitié. Au milieu de cette conversation, le bacha présenta au Roi son favori Grothusen, et le colonel Ribbins, qu'il avait eu la générosité de racheter à ses dépens. Fabrice se chargea de la rançon des autres prisonniers.

Jeffreys, l'envoyé d'Angleterre, se joignit à lui pour fournir à cette dépense. Un Français, que la curiosité avait amené à Bender, et qui a écrit une partie des événemens que l'on rapporte, donna aussi ce qu'il avait : ces étrangers, assistés des soins, et même de l'argent du pacha, rachetèrent non-seulement les officiers, mais encore leurs habits des mains des Turcs et des Tartares.

Dès le lendemain, on conduisit le Roi prisonnier, dans un chariot couvert d'écarlate, sur le chemin d'Andrinople; son trésorier Grothusen était avec lui; le chancelier Mullern, et quelques officiers suivaient dans un autre char : plusieurs étaient à cheval; et lorsqu'ils jetaient les yeux sur le chariot où était le Roi, ils ne pouvaient retenir leurs larmes. Le bacha était à la tête de l'escorte; Fabrice lui représenta qu'il était honteux de laisser le Roi sans épée, et le pria de lui en donner une. Dieu m'en préserve, dit le bacha, il voudrait nous en couper la barbe; cependant il la lui rendit quelques heures après.

Comme on conduisait ainsi prisonnier et désarmé ce Roi, qui, peu d'années auparavant, avait donné la loi à tant d'États, et qui s'était vu l'arbitre du nord et la terreur de l'Europe, on vit au même endroit un autre exemple de la fragilité des grandeurs humaines.

Le roi Stanislas avait été arrêté sur les terres des Turcs, et on l'amenait prisonnier à Bender, dans le temps même qu'on transférait Charles XII.

Stanislas n'étant plus soutenu par la main qui l'avait fait roi, se trouvant sans argent, et par conséquent sans parti en Pologne, s'était retiré d'abord en Poméranie; et ne pouvant plus conserver son royaume, il avait défendu, autant qu'il l'avait pu, les Etats de son bienfaiteur.

Il avait même passé en Suède pour précipiter les secours dont on avait besoin dans la Poméranie et dans la Livonie; il avait fait tout ce qu'on devait attendre de l'ami de Charles XII. En ce temps, le premier roi de Prusse, prince très-sage, s'inquiétant avec raison du voisinage des Moscovites, imagina de se liguer avec Auguste et la république de Pologne, pour renvoyer les Russes dans leurs pays, et de faire entrer Charles XII lui-même dans ce projet. Trois grands événemens devaient en être le fruit : la paix du nord, le retour de Charles dans ses Etats, et une barrière opposée aux Russes devenus formidables à l'Europe. Le préliminaire de ce traité, dont dépendait la tranquillité publique, était l'abdication de Stanislas. Non-seulement Stanislas l'accepta, mais il se chargea d'être le négociateur d'une paix qui lui enlevait la couronne : la nécessité, le bien public, la gloire du sacrifice, et l'intérêt de Charles, à qui il devait tout, et qu'il aimait, le déterminèrent. Il écrivit à Bender : il exposa au roi de Suède l'état des affaires, les malheurs et le remède ; il le conjura de ne point s'opposer à une abdication devenue nécessaire par les conjonctures, et honorable par les motifs ; et le pressa de ne point immoler les intérêts de la

Suède à ceux d'un ami malheureux, qui s'immolait au bien public sans répugnance. Charles XII reçut ces lettres à Varnitza : il dit en colère au courrier, en présence de plusieurs témoins : Si mon ami ne veut pas être Roi, je saurai bien en faire un autre.

Stanislas s'obstina au sacrifice que Charles refusait. Ces temps étaient destinés à des sentimens et à des actions extraordinaires. Stanislas voulut aller lui-même fléchir Charles, et il hasarda, pour abdiquer un trône, plus qu'il n'avait fait pour s'en emparer. Il se déroba un jour à dix heures du soir de l'armée suédoise qu'il commandait en Poméranie, et partit avec le baron Sparr, qui a été depuis ambassadeur en Angleterre et en France, et avec un autre colonel. Il prend le nom d'un Français nommé Haran, alors major au service de Suède, et qui est mort depuis commandant de Dantzick. Il cotoie toute l'armée des ennemis, arrêté plusieurs fois et relâché sur un passeport obtenu au nom de Haran, il arrive enfin, après bien des périls, aux frontières de Turquie.

Quand il est arrivé en Moldavie, il renvoie à son armée le baron Sparr, entre dans Yassy, capitale de la Moldavie; se croyant en sûreté dans un pays où le roi de Suède avait été si respecté, il était bien loin de soupçonner ce qui se passait alors.

On lui demande qui il est, il se dit major d'un régiment au service de Charles XII; on l'arrête à ce seul nom; il est mené devant le hospodar de Moldavie, qui, sachant déjà par les gazettes que Stanislas s'était éclipsé de son armée, concevait quelques soupçons de la vérité. On lui avait dépeint la figure du Roi, très-aisée à reconnaître à un visage plein et aimable, et a un air de douceur assez rare.

Le hospodar l'interrogea, lui fit beaucoup de questions captieuses, et enfin lui demanda quel emploi il avait dans l'armée suédoise. Stanislas et le hospodar parlaient latin. *Major sum*, lui dit Stanislas. *Imò Maximus es*, lui répondit le Moldave : et aussitôt, lui présentant un fauteuil, il le traita en Roi ; mais aussi il le traita en Roi prisonnier, et on fit une garde exacte autour d'un couvent grec, dans lequel il fut obligé de rester, jusqu'à ce qu'on eût des ordres du Sultan. Les ordres vinrent de le conduire à Bender, dont on faisait partir Charles.

La nouvelle en vint au bacha, dans le temps qu'il accompagnait le chariot du roi de Suède. Le bacha le dit à Fabrice : celui-ci, s'approchant du chariot de Charles XII, lui apprit qu'il n'était pas le seul roi prisonnier entre les mains des Turcs, et que Stanislas était à quelques milles de lui, conduit par des soldats. « Courez à lui, mon cher Fabrice, lui dit Charles, sans se déconcerter d'un tel accident : dites-lui bien qu'il ne fasse jamais de paix avec le roi Auguste ; et assurez-le que dans peu nos affaires changeront. » Telle était l'inflexibilité de Charles dans ses opinions, que, tout abandonné qu'il était en Pologne, tout poursuivi dans ses propres Etats, tout captif dans une litière turque, conduit prisonnier, sans savoir où on le menait, il comptait encore sur sa fortune, et espérait toujours un secours de cent mille hommes de la Porte ottomane. Fabrice courut s'acquitter de sa commission, accompagné d'un janissaire, avec la permission du bacha. Il trouva à quelques milles le gros de soldats qui conduisait Stanislas : il s'adressa au milieu d'eux à un cavalier vêtu à la française et assez mal monté, et lui demanda en allemand où était le roi de Pologne ? Celui à qui il parlait était Stanislas lui-même qu'il n'avait pas reconnu sous ce déguisement. « Hé quoi! dit le Roi, ne vous souvenez-vous donc plus de moi? » Alors Fabrice lui apprit le triste état où était le roi de Suède, et la fermeté inébranlable, mais inutile de ses desseins.

Quand Stanislas fut près de Bender, le bacha, qui revenait après avoir accompagné Charles XII quelques milles, envoya au Roi polonais un cheval arabe, avec un harnais magnifique.

Il fut reçu dans Bender au bruit de l'artillerie, et à la liberté près qu'il n'eut pas d'abord, il n'eut point à se plaindre du traitement qu'on lui fit. Cependant on conduisait Charles sur le chemin d'Andrinople. Cette ville était déjà remplie du bruit de son combat. Les Turcs le condamnaient et l'admiraient; mais le divan, irrité, menaçait déjà de le réléguer dans une île de l'Archipel.

Monsieur Desaleurs, qui aurait pu prendre son parti, et empêcher qu'on ne fît cet affront aux rois chrétiens, était à Constantinople, aussi bien que M. de Poniatowsky, dont on craignait toujours le génie fécond en ressources. La plupart des Suédois restés dans Andrinople étaient en prison; le trône du Sultan paraissait inaccessible de tous côtés aux plaintes du roi de Suède....

Le marquis de Fierville, envoyé secrètement de la part de la France auprès de Charles à Bender, était pour lors à Andrinople. Il osa imaginer de rendre service à ce prince dans le temps que tout l'abandonnait ou l'opprimait. Il fut heureusement secondé dans ce dessein par un gentilhomme français, d'une ancienne maison de Champagne, nommé de Villelongue, homme intrépide, qui n'ayant pas alors une fortune selon son courage, et charmé d'ailleurs de la réputation du roi de Suède, était venu chez les Turcs dans le dessein de se mettre au service de ce prince.

M. de Fierville, avec l'aide de ce jeune homme, écrivit un mémoire au nom du roi de Suède, dans lequel ce monarque demandait vengeance au Sultan de l'insulte faite, en sa personne, à toutes les têtes couronnées, et de la trahison, vraie ou fausse, du kan et du bacha de Bender.

On y accusait le visir et les autres ministres d'avoir été corrompus par les Moscovites, d'avoir trompé le Grand-Seigneur, d'avoir empêché les lettres du Roi de parvenir jusqu'à Sa Hautesse, et d'avoir, par ses artifices, arraché du Sultan cet ordre si contraire à l'hospitalité musulmane, par lequel on avait violé le droit des nations d'une manière si indigne d'un grand Empereur, en attaquant, avec vingt mille hommes, un Roi qui n'avait pour se défendre que ses domestiques, et qui comptait sur la parole sacrée du Sultan.

Quand ce mémoire fut écrit, il fallut

le faire traduire en Turc, et l'écrire d'une écriture particulière sur un papier fait exprès, dont on doit se servir pour tout ce qu'on présente au Sultan.

On s'adressa à quelques interprètes français qui étaient dans la ville; mais les affaires du roi de Suède étaient si désespérées, et le visir déclaré si ouvertement contre lui, qu'aucun interprète n'osa seulement traduire l'écrit de M. de Fierville. On trouva en fin un autre étranger dont la main n'était point connue à la Porte, qui, moyennant quelque récompense, et l'assurance d'un secret profond, traduisit le mémoire en Turc, et l'écrivit sur le papier convenable : le baron d'Arvidson, officier des troupes de Suède, contrefit la signature du Roi : Fierville, qui avait le sceau royal, l'apposa à l'écrit, et on cacheta le tout avec les armes de Suède. Villelongue se chargea de remettre lui-même ce paquet entre les mains du Grand-Seigneur, lorsqu'il irait à la mosquée selon la coutume. On s'était déjà servi d'une pareille voie pour présenter au Sultan des mémoires contre ses ministres ; mais cela même rendait le succès de cette entreprise plus difficile, et le danger beaucoup plus grand.

Le visir, qui prévoyait que les Suédois demanderaient justice à son maître, et qui n'était que trop instruit par le malheur de ses prédécesseurs, avait expressément défendu qu'on laissât approcher personne du Grand-Seigneur ; et avait ordonné surtout qu'on arrêtât tous ceux qui se présenteraient auprès de la mosquée avec des placets.

Villelongue savait cet ordre, et n'ignorait pas qu'il y allait de sa tête. Il quitta son habit franc, prit un vêtement à la grecque ; et ayant caché dans son sein la lettre qu'il voulait présenter, il se promena de bonne heure près de la mosquée où le Grand-Seigneur devait aller. Il contrefit l'insensé, s'avança en dansant au milieu de deux haies de janissaires, entre lesquelles le Grand-Seigneur allait passer; il laissait tomber exprès quelques pièces d'argent de ses poches pour amuser les gardes.

Dès que le Sultan approcha, on voulut faire retirer Villelongue : il se jeta à genoux et se débattit entre les mains des janissaires; son bonnet tomba, de grands cheveux qu'il portait, le firent reconnaître pour un Franc; il reçut plusieurs coups, et fut très-maltraité. Le Grand-Seigneur, qui était déjà proche, entendit ce tumulte et en demanda la cause. Villelongue lui cria de toutes ses forces, *amman! amman! miséricorde!* en tirant la lettre de son sein. Le Sultan commanda qu'on le laissât approcher; Villelongue court à lui dans le moment, embrasse son étrier et lui présente l'écrit, en lui disant *Sued Crall dan*, c'est le roi de Suède qui te le donne. Le Sultan mit la lettre dans son sein, et continua son chemin vers la mosquée. Cependant on s'assure de Villelongue, et on le conduit en prison dans les bâtimens extérieurs du sérail.

Le Sultan, au sortir de la mosquée, après avoir lu la lettre, voulut lui-même interroger le prisonnier. Ce que je raconte ici paraîtra peut-être peu croyable; mais enfin je n'avance rien que sur la foi des lettres de M. de Villelongue lui-même; quand un si brave officier assure un fait sur son honneur, il mérite quelque croyance. Il m'a donc assuré que le Sultan quitta l'habit impérial, comme aussi le turban particulier qu'il porte, et se déguisa en officier des janissaires, ce qui lui arrivait assez souvent. Il amena avec lui un vieillard de l'île de Malte, qui lui servit d'interprète. A la faveur de ce déguisement, Villelongue jouit d'un honneur qu'aucun ambassadeur chrétien n'a jamais eu : il eut tête à tête une conférence d'un quart d'heure avec l'Empereur turc. Il ne manqua pas d'expliquer les griefs du roi de Suède, d'accuser les ministres, et de demander vengeance avec d'autant plus de liberté, qu'en parlant au Sultan même, il était censé ne parler qu'à son égal. Il avait reconnu aisément le Grand-Seigneur, malgré l'obscurité de la prison, et il n'en fut que plus hardi dans la conversation. Le prétendu officier des janissaires dit à Villelongue ces propres paroles : « Chrétien, assure-toi que le « Sultan mon maître, a l'âme d'un Em-« pereur; et que si ton roi de Suède a « raison, il lui fera justice. » Villelongue fut bientôt élargi; on vit quelques semaines après, un changement subit dans le sérail, dont les Suédois attribuèrent la cause à cette unique conférence. Le muphty fut déposé, le kan des Tartares exilé à Rhodes, et le sérasquier, bacha de Bender, relégué dans une île de l'Archipel.

La Porte ottomane est si sujette à de pareils orages, qu'il est bien difficile de décider si en effet le Sultan voulait appaiser le roi de Suède par ces sacrifices. La manière dont ce prince fut traité, ne prouve pas que la Porte s'empressât beaucoup à lui plaire.

Le favori Ali Coumourgi fut soupçonné d'avoir fait seul tous ces changemens, pour ses intérêts particuliers. On dit qu'il fit exiler le kan de Tartarie et le sérasquier de Bender, sous prétexte qu'ils avaient délivré au Roi les douze cents bourses, malgré l'ordre du Grand-Seigneur. Il mit sur le trône des Tartares le frère du kan déposé, jeune homme de son âge, qui aimait peu son frère, et sur lequel Ali Coumourgi comptait beaucoup dans les guerres qu'il méditait. A l'égard du grand-visir Jussuf, il ne fut déposé que quelques semaines après; et Soliman bacha eut le titre de premier visir.

Je suis obligé de dire que M. de Villelongue et plusieurs Suédois m'ont assuré que la simple lettre présentée au Sultan au nom du Roi, avait causé tous ces grands changemens à la Porte; mais M. de Fierville m'a, de son côté, as uré tout le contraire. J'ai trouvé quelquefois de pareilles contrariétés dans les mémoires que l'on m'a confiés. En ce cas, tout ce que doit faire un historien, c'est de conter ingénument le fait, sans vouloir pénétrer les motifs, et de se borner à dire précisément ce qu'il sait, au lieu de deviner ce qu'il ne sait pas.

Cependant on avait conduit Charles XII dans le petit château de Démirtash, auprès d'Andrinople. Une foule innombrable de Turcs s'était rendue en cet endroit pour voir arriver ce prince: on le transporta de son chariot au château, sur un sopha; mais Charles, pour n'être point vu de cette multitude, se mit un carreau sur la tête.

La Porte se fit prier quelques jours de souffrir qu'il habitât à Démotica, petite ville à six lieues d'Andrinople, près du fameux fleuve Hébrus, aujourd'hui appelé Marizza. Coumourgi dit au grand-visir Soliman : « Va, fais aver-
« tir le roi de Suède qu'il peut rester à
« Démotica toute sa vie ; je te réponds
« qu'avant un an il demandera à s'en
« aller de lui-même ; mais surtout ne
« lui fais point tenir d'argent. »

Ainsi on transféra le Roi à la petite ville de Démotica, où la Porte lui assigna un thaïm considérable de provisions pour lui et pour sa suite : on lui accorda seulement vingt-cinq écus par jour en argent, pour acheter du cochon et du vin, deux sortes de provisions que les Turcs ne fournissent pas ; mais la bourse de cinq cents écus par jour qu'il avait à Bender, lui fut retranchée.

A peine fut-il à Démotica avec sa petite Cour, qu'on déposa le grand-visir Soliman : sa place fut donnée à Ibrahim Molla, fier, brave et grossier à l'excès. Il n'est pas inutile de savoir son histoire, afin que l'on connaisse plus particulièrement tous ces vice-rois de l'Empire ottoman, dont la fortune de Charles a si long-temps dépendu.

Il avait été simple matelot à l'événement du sultan Achmet III. Cet Empereur se déguisait souvent en homme privé, en iman, ou en dervis; il se glissait le soir dans les cafés de Constantinople, et dans les lieux publics, pour entendre ce qu'on disait de lui, et pour recueillir par lui-même les sentimens du peuple. Il entendit un jour ce matelot qui se plaignait de ce que les vaisseaux Turcs ne revenaient jamais avec des prises, et qui jurait que s'il était capitaine de vaisseau, il ne rentrerait jamais dans le port de Constantinople sans ramener avec lui quelque bâtiment des infidèles. Le Grand-Seigneur ordonna dès le lendemain qu'on lui donnât un vaisseau à commander, et qu'on l'envoyât en course. Le nouveau capitaine revint quelques jours après avec une barque maltaise, et une galiote de Gênes. Au bout de deux ans, on le fit capitaine-général de la mer, et enfin grand-visir. Dès qu'il fut dans ce poste, il crut pouvoir se passer du favori : et pour se rendre nécessaire, il projeta de faire la guerre aux Moscovites; dans cette intention, il fit dresser une tente près de l'endroit où demeurait le roi de Suède.

Il invita ce prince à l'y venir trouver avec le nouveau kan des Tartares, et l'ambassadeur de France. Le Roi, d'autant plus altier qu'il était malheureux, regardait comme le plus sensible des affronts, qu'un sujet osât l'envoyer chercher : il ordonna à son chancelier Mullern, d'y aller à sa place; et de peur que les Turcs ne lui manquassent de respect, et ne le forçassent à commettre sa dignité, ce prince, extrême en tout, se mit au lit, et résolut de n'en pas sortir tant qu'il serait à Démotica. Il resta dix mois couché, feignant d'être malade : le chancelier Mullern, Grothusen et le colonel Dubens étaient les seuls qui mangeassent avec lui. Ils n'avaient aucune des commodités dont les Francs se servent : tout avait été pillé à l'affaire de Bender ; de sorte qu'il s'en fallait bien qu'il y eût dans leurs repas de la pompe et de la délicatesse. Ils se servaient eux-mêmes ; et ce fut le chancelier Mullern qui fit pendant tout ce temps la fonction de cuisinier.

Tandis que Charles XII passait sa vie dans son lit, il apprit la désolation de toutes ses provinces situées hors de la Suède.

Le général Steinbock, illustre pour avoir chassé les Danois de la Scanie, et pour avoir vaincu leurs meilleures troupes avec des paysans, soutint encore quelque temps la réputation des armes suédoises. Il défendit autant qu'il put la Poméranie et Brême, et ce que le Roi possédait encore en Allemagne ; mais il ne put empêcher les Saxons et les Danois réunis d'assiéger Stade, ville forte et considérable, située près de l'Elbe, dans le duché de Brême. La ville fut bombardée et réduite en cendres, et la garnison obligée de se rendre à discrétion, avant que Steinbock pût s'avancer pour la secourir.

Ce général, qui avait environ douze mille hommes, dont la moitié était cavalerie, poursuivit les ennemis qui étaient une fois plus forts ; et les atteignit enfin dans le duché de Meckelbourg, près d'un lieu nommé Gadebesk, et d'une petite rivière qui porte ce nom : il arriva vis-à-vis des Saxons et des Danois, le 20 décembre 1712 ; il était séparé d'eux par un marais. Les ennemis campés derrière ce marais, étaient appuyés à un bois : ils avaient l'avantage du nombre et du terrain ; et on ne pouvait aller à eux qu'en traversant le marécage sous le feu de leur artillerie.

Steinbock passe à la tête de ses troupes, arrive en ordre de bataille, et engage un des combats les plus sanglans et les plus acharnés qui se fussent encore donné entre ces deux nations rivales. Après trois heures de cette mêlée si vive, les Danois et les Saxons furent enfoncés, et quittèrent le champ de bataille.

Un fils du roi Auguste et de la comtesse de Koënismarck, connu sous le nom de comte de Saxe, fit dans cette bataille son apprentissage de l'art de la guerre. C'est ce même comte de Saxe, qui eut depuis l'honneur d'être élu duc de Courlande, et à qui il n'a manqué que la force pour jouir du droit le plus incontestable qu'un homme puisse jamais avoir sur une souveraineté; je veux dire les suffrages unanimes du peuple. Il commandait un régiment à Gadebesk, et y eut un cheval tué sous lui. Je lui ai entendu dire que les Suédois gardèrent toujours leurs rangs, et que même, après que la victoire fut décidée, les premières lignes de ces braves troupes ayant à leurs pieds leurs ennemis morts, il n'y eut pas un soldat suédois qui osât seulement se baisser pour les dépouiller, avant que la prière eut été faite sur le champ de bataille, tant ils étaient inébranlables dans la discipline sévère à laquelle leur Roi les avait accoutumés.

Steinbock après cette victoire se souvenant que les Danois avaient mis Stade en cendres, alla s'en venger sur Altena, qui appartient au roi de Danemarck. Altena est au-dessous de Hambourg, sur le fleuve de l'Elbe, qui peut apporter dans son port d'assez gros vaisseaux. Le roi de Danemarck favorisait cette ville de beaucoup de priviléges; son dessein était d'y établir un commerce florissant : déjà même l'industrie des Altenais, encouragée par les sages vues du Roi, commençait à mettre leur ville au nombre des villes commerçantes et riches. Hambourg en concevait de la jalousie, et ne souhaitait rien tant que sa destruction. Dès que Steinbock fut à la vue d'Altena, il envoya dire par un trompette aux habitans, qu'ils eussent à se retirer avec ce qu'ils pourraient emporter d'effets, et qu'on allait détruire leur ville de fond en comble.

Les magistrats vinrent se jeter à ses pieds, et offrirent cent mille écus de rançon. Steinbock en demanda deux cent mille. Les Altenais supplièrent qu'il leur fût permis au moins d'envoyer à Hambourg où étaient leurs correspondances, et assurèrent que le lendemain ils apporteraient cette somme; le général Suédois répondit qu'il fallait la donner sur l'heure, ou qu'on allait embrâser Altena sans délai.

Ses troupes étaient dans le faubourg le flambeau à la main : une faible porte de bois et un fossé déjà comblé, étaient les seules défenses des Altenais. Ces malheureux furent obligés de quitter leurs maisons avec précipitation au milieu de la nuit : c'était le 9 janvier 1713, il faisait un froid rigoureux, augmenté par un vent de nord violent, qui servit à étendre l'embrâsement avec plus de promptitude dans la ville, et à rendre plus insupportables les extrémités où le peuple fut réduit dans la campagne. Les hommes, les femmes, courbés sous le fardeau des meubles qu'ils emportaient, se réfugièrent en pleurant et en poussant des hurlemens, sur les coteaux voisins qui étaient couverts de glace. On voyait plusieurs jeunes gens qui portaient sur leurs épaules des vieillards paralytiques. Quelques femmes nouvellement accouchées, emportèrent leurs enfans et moururent de froid avec eux sur la colline, en regardant de loin les flammes qui consumaient leur patrie. Tous les habitans n'étaient pas encore sortis de la ville, lorsque les Suédois y mirent le feu. Altena brûla depuis minuit jusqu'à dix heures du matin. Presque toutes les maisons étaient de bois: tout fut consumé; et il ne parut pas le lendemain qu'il y eût eu une ville en cet endroit.

Les vieillards, les malades, et les femmes les plus délicates, réfugiés dans les glaces pendant que leurs maisons étaient en feu, se traînèrent aux portes de Hambourg, et supplièrent qu'on leur ouvrît et qu'on leur sauvât la vie; mais on refusa de les recevoir, parce qu'il régnait dans Altena quelques maladies contagieuses; et les Hambourgeois n'aimaient pas assez les Altenais pour s'exposer, en les recueillant, à infecter leur propre ville. Ainsi la plupart de ces misérables expirèrent sous les murs de Hambourg, en prenant le Ciel à témoin de la barbarie des Suédois, et de celle des Hambourgeois qui ne paraissait pas moins inhumaine.

Toute l'Allemagne cria contre cette violence : les ministres et les généraux de Pologne et de Danemarck écrivirent au comte de Steinbock, pour lui reprocher une cruauté si grande, qui, faite sans nécessité et demeurant sans excuse, soulevait contre lui et le ciel et la terre.

Stenbock répondit, « qu'il ne s'était « porté à cette extrémité, que pour « apprendre aux ennemis du Roi son « maître à ne plus faire une guerre de « barbares, et à respecter le droit des « gens ; qu'ils avaient rempli la Pomé« ranie de leurs cruautés, dévasté cette « belle province, et vendu près de cent

« mille habitans aux Turcs : que les « flambeaux qui avaient mis Altena en « cendres, étaient les représailles des « boulets rouges par qui Stade avait été « consumée, que la guerre n'était point « le théâtre de la modération et de la « douceur : que ni le Roi de France « Louis XIV, qui avait permis l'incen- « die du Palatinat, ni Turenne qui l'a- « vait exécuté, ni ceux qui l'imitèrent « depuis avec plus d'excès n'avaient « point passé pour des hommes plus « cruels que les autres; qu'enfin si ces « excès étaient condamnables, il fallait « en accuser les Moscovites, les Danois « et les Saxons, qui en avaient donné « l'exemple. »

C'était avec cette fureur que les Suédois et leurs ennemis se faisaient la guerre; si Charles XII avait paru alors dans la Poméranie, il est à croire qu'il eût pu retrouver sa première fortune. Ses armées quoiqu'éloignées de sa présence, étaient encore animées de son esprit; mais l'absence du chef est toujours dangereuse aux affaires, et empêche qu'on ne profite des victoires. Steinbock perdit par les détails ce qu'il avait gagné par des actions signalées, qui, en un autre temps, auraient été décisives.

Tout vainqueur qu'il était, il ne put empêcher les Moscovites, les Saxons et les Danois de se réunir. On lui enleva des quartiers : il perdit du monde dans plusieurs escarmouches; deux mille hommes de ses troupes se noyèrent en passant l'Eider, pour aller hiverner dans le Holstein. Toutes ces pertes étaient sans ressource dans un pays où il était entouré de tous côtés d'ennemis puissans.

Le Holstein avait alors pour souverain le jeune duc Fréderic, âgé de douze ans, neveu du roi de Suède, et fils du duc qui avait été tué à la bataille de Clissau : l'évêque de Lubeck, son oncle, gouvernait sous le nom d'administrateur ce pays malheureux, que ses souverains n'ont presque jamais possédé paisiblement : l'évêque, qui craignait pour les Etats de son pupile, voulut conserver en apparence la neutralité; mais il lui était impossible de rester neutre entre l'armée d'un roi de Suède, dont le duc de Holstein pouvait être l'héritier, et les armées des alliés prêts à envahir cet Etat.

Le comte de Steinbock, pressé par les ennemis, et ne pouvant plus conserver sa petite armée, somma l'évêque administrateur de permettre qu'elle fût reçue dans la forteresse de Tonninge. L'évêque se trouva réduit ou à perdre entièrement l'armée du Roi; ou, s'il la sauvait, à attirer sur le Holstein la vengeance du Danemarck.

Il eut recours à la finesse, ressource dangereuse des faibles : il ordonna au colonel Volf, commandant à Tonninge, de recevoir les troupes suédoises dans la place. Mais en même temps il exigea de ce commandant qu'il ne parlât jamais de cet ordre ; et Steinbock de son côté fit serment de tenir la négociation secrète.

Il fallut que Volf prît sur lui de recevoir l'armée dans sa place, comme de sa propre autorité, et de paraître infidèle aux ordres de son souverain. Tout cet artifice ne tourna qu'au malheur du duc, du pays et de Steinbock. Le Czar, le roi de Danemarck et le roi de Prusse bloquèrent Tonninge : les provisions qui devaient venir à la petite armée manquèrent par une fatalité qui a toujours ruiné dans cette guerre les affaires de la Suède.

Enfin, Steinbock fut obligé de se rendre prisonnier au roi de Danemarck, avec ses troupes, le 17 mars 1713. Ainsi fut dissipée sans retour cette armée qui avait gagné les deux célèbres batailles d'Helsimbourg et de Gadebush, sous un général dont on avait conçu les plus grandes espérances; et le roi de Danemarck eut la satisfaction de tenir entre ses mains celui qui avait arrêté tous ses progrès, et qui avait mis sa ville d'Altena en cendres. Steinbock en sortant de Tonninge assura le roi de Danemarck qu'il n'y était entré que par stratagème, et qu'il avait trompé le commandant. Cet officier le jura de même, et aima mieux subir la honte d'avoir été surpris, que de divulguer le secret de son maître.

Le duc de Holstein et l'évêque administrateur protestèrent qu'ils avaient conservé la neutralité : ils implorèrent la médiation du roi de Prusse et de l'électeur de Hanovre : toute cette politique, n'étant point soutenue par la force, n'empêcha pas que le roi de Danemarck n'assiégeât Volf dans Tonninge quelque temps après, avec ses troupes et celles du Czar. Ce commandant se rendit comme Steinbock, et avoua enfin le secret dont les Danois ne se doutaient que trop.

Ce fut un prétexte au roi de Danemarck pour s'emparer des Etats du duc de Holstein, dont on ne lui a rendu encore aujourd'hui qu'une partie. Ce même roi de Danemarck, qui ravissait sans scrupule le duché de Holstein, avait cependant la générosité de traiter Steinbock avec considération, et faisait voir que les Rois sont souvent plus occupés de leurs intérêts que de leur vengeance. Il laissa l'incendiaire d'Altena libre dans Copenhague sur sa parole, et affecta de l'accabler de bons traitemens, jusqu'à ce que Steinbock, ayant voulu s'évader, eut le malheur d'être arrêté et d'être convaincu d'avoir manqué à sa parole. Alors il fut étroitement resserré et réduit à demander grâce au roi de Danemarck, qui la lui accorda.

La Poméranie sans défense, à la réserve de Stralsund, de l'île de Rugen et de quelques lieux circonvoisins, devint la proie des alliés : elle fut séquestrée entre les mains du roi de Prusse. Les États de Brême furent remplis de garnisons danoises. Au même temps, les Moscovites inondaient la Finlande, et y battaient les Suédois que la confiance abandonnait, et qui, étant inférieurs en nombre, commençaient à n'avoir plus sur leurs ennemis aguerris la supériorité de la valeur.

Pour achever les malheurs de la Suède, son Roi s'obstinait à rester à Démotica, et se repaissait encore de l'espérance de ce secours turc, sur lequel il ne devait plus compter.

Ibrahim Molla, ce visir si fier, qui

s'obstinait à la guerre contre les Moscovites, malgré les vues du favori, fut étranglé entre deux portes.

La place de visir était devenue si dangereuse, que personne n'osait l'occuper : elle demeura vacante pendant six mois. Enfin, le favori Ali Coumourgi, prit le titre de grand-visir. Alors toutes les espérances du roi de Suède tombèrent. Il connaissait Coumourgi d'autant mieux qu'il en avait été servi, quand les intérêts de ce favori s'accordaient avec les siens.

Il avait été onze mois à Démotica, enseveli dans l'inaction et dans l'oubli; cette oisiveté extrême succédant tout-à-coup aux plus violens exercices, lui avait donné enfin la maladie qu'il feignait. On le croyait mort dans toute l'Europe. Le conseil de régence qu'il avait établi à Stockholm, quand il partit de sa capitale, n'entendait plus parler de lui. Le sénat vint en corps supplier la princesse Ulrike Eléonore, sœur du Roi, de se charger de la régence, pendant cette longue absence de son frère : elle l'accepta ; mais quand elle vit que le sénat voulait l'obliger à faire la paix avec le Czar et le roi de Danemarck, qui attaquaient la Suède de tous côtés, cette princesse jugeant bien que son frère ne ratifierait jamais la paix, se démit de la régence; et envoya en Turque un long détail de cette affaire.

Le Roi reçut le paquet de sa sœur à Démotica. Le despotisme qu'il avait sucé en naissant, lui faisait oublier qu'autrefois la Suède avait été libre, et que le sénat gouvernait anciennement le royaume, conjointement avec les Rois.

Il ne regardait ce corps que comme une troupe de domestiques, qui voulaient commander dans la maison en l'absence du maître ; il leur écrivit que s'ils prétendaient gouverner, il leur enverrait une de ses bottes, et que ce serait d'elle dont ils faudrait qu'ils prissent les ordres.

Pour prévenir donc ces prétendus attentats en Suède, contre son autorité, et pour défendre enfin son pays, n'espérant plus rien de la Porte ottomane, et ne comptant plus que sur lui seul, il fit signifier au grand-visir qu'il souhaitait partir, et s'en retourner par l'Allemagne.

Monsieur Desaleurs, ambassadeur de France, qui s'était chargé des affaires de Suède, fit la demande de sa part. « Hé bien, dit le visir au comte Desa-« leurs, n'avais-je pas bien dit, que « l'année ne se passerait pas sans que le « roi de Suède demandât à partir? Di-« tes-lui qu'il est à son choix de s'en « aller ou de demeurer; mais qu'il se dé-« termine bien; et qu'il fixe le jour de son « départ, afin qu'il ne nous jette pas

« une seconde fois dans l'embarras de « Bender. »

Le comte Desaleurs adoucit au Roi la dureté de ces paroles. Le jour fut choisi; mais Charles, avant que de quitter la Turquie, voulut étaler la pompe d'un grand Roi, quoique dans la misère d'un fugitif. Il donna à Grothusen le titre d'ambassadeur extraordinaire, et l'envoya prendre congé dans les formes à Constantinople, suivi de quatre-vingts personnes, toutes superbement vêtues.

Les ressorts secrets qu'il fallut faire jouer pour amasser de quoi fournir à cette dépense, étaient plus humilians que l'ambassade n'était pompeuse.

M. Desaleurs prêta au Roi quarante mille écus, Grothusen avait des agens à Constantinople qui empruntaient en son nom, à cinquante pour cent d'intérêt, mille écus d'un juif, deux cents pistoles d'un marchand anglais, mille francs d'un Turc.

On amassa ainsi de quoi jouer, en présence du divan, la brillante comédie de l'ambassade suédoise. Grothusen reçut tous les honneurs que la Porte fait aux ambassadeurs extraordinaires des Rois, le jour de leur audience. Le but de tout ce fracas était d'obtenir de l'argent du grand-visir, mais ce ministre fut inexorable.

Grothusen proposa d'emprunter un million de la Porte. Le visir répliqua sèchement que son maître savait donner quand il voulait, et qu'il était au-dessous de sa dignité de prêter : qu'on fournirait au Roi abondamment ce qui était nécessaire pour son voyage, d'une manière digne de celui qui le renvoyait : que peut-être même la Porte lui ferait quelque présent en or non monnoyé ; mais qu'on n'y devait pas compter.

Enfin, le premier octobre 1714, le roi

de Suède se mit en route pour quitter la Turquie. Un capigi bacha avec six chiaoux, le vinrent prendre au château de Demirtash, où ce prince demeurait depuis quelques jours : on lui présenta de la part du Grand-Seigneur, une large tente d'écarlate brodée d'or, un sabre avec une poignée garnie de pierreries, et huit chevaux arabes d'une beauté parfaite, avec des selles superbes, dont les étriers étaient d'argent massif. Il n'est pas indigne de l'histoire de dire qu'un écuyer arabe, qui avait soin de ces chevaux, donna au Roi leur généalogie : c'est un usage établi depuis long-temps chez ces peuples, qui semblent faire beaucoup plus d'attention à la noblesse des chevaux qu'à celle des hommes ; ce qui peut-être n'est pas si déraisonnable, puisque chez les animaux, les races dont on a soin, et qui sont sans mélange, ne dégénèrent jamais.

Soixante chariots chargés de toutes

sortes de provisions, et trois cents chevaux formaient le convoi. Le capigi bacha, sachant que plusieurs Turcs avaient prêté de l'argent aux gens de la suite du Roi, à un gros intérêt, lui dit que l'usure étant contraire à la loi mahométane, il suppliait Sa Majesté de liquider toutes ses dettes, et d'ordonner au résident qu'il laissait à Constantinople, de ne payer que le capital. « Non, dit le Roi ; si mes domestiques « ont donné des billets de cent écus, je « veux les payer, quand ils n'en au- « raient reçu que dix. »

Il fit proposer aux créanciers de le suivre, avec l'assurance d'être payés de leurs frais et de leurs dettes. Plusieurs entreprirent le voyage de Suède, et Grothusen eut soin qu'ils fussent payés.

Les Turcs, afin de montrer plus de déférence pour leur hôte, le faisaient voyager à très-petites journées ; mais cette lenteur respectueuse gênait l'impatience du Roi. Il se levait dans la route, à trois heures du matin, selon sa coutume. Dès qu'il était habillé, il éveillait lui-même le capigi et les chiaoux, et ordonnait la marche au milieu de la nuit noire : la gravité turque était dérangée par cette manière nouvelle de voyager ; mais le Roi prenait plaisir à leur embarras, et disait qu'il se vengeait un peu de l'affaire de Bender.

Tandis qu'il gagnait les frontières des Turcs, Stanislas en sortait par un autre chemin, et allait se retirer en Allemagne, dans le duché de Deux-Ponts, province qui confine au palatinat du Rhin et à l'Alsace, et qui appartenait aux rois de Suède depuis que Charles X, successeur de Christine, avait joint cet héritage à la couronne. Charles assigna à Stanislas le revenu de ce duché, estimé alors environ soixante-dix mille écus ; ce fut là qu'aboutirent tant de projets, tant de guerres et tant d'espé-

-ances. Stanislas voulait et aurait pu faire un traité avantageux avec le roi Auguste ; mais l'indomptable opiniâtreté de Charles XII, lui fit perdre ses terres et ses biens réels en Pologne, pour lui conserver le titre de Roi.

Ce prince resta dans le duché de Deux-Ponts, jusqu'à la mort de Charles ; alors cette province retournant à un prince de la maison palatine, il choisit sa retraite à Veissembourg, dans l'Alsace française. M. Sum, envoyé du roi Auguste, en porta ses plaintes au duc d'Orléans, régent de France. Le duc d'Orléans répondit à M. Sum, ces paroles remarquables : « Monsieur, « mandez au Roi votre maître, que la « *France* a toujours été l'asile des Rois « malheureux. »

Le roi de Suède étant arrivé sur les confins de l'Allemagne, apprit que L'Empereur avait ordonné qu'on le reçût dans toutes les terres de son obéissance, avec une magnificence convenable. Les villes et villages où les maréchaux-des-logis avaient par avance marqué sa route, faisaient des préparatifs pour le recevoir; tous ces peuples attendaient avec impatience de voir passer cet homme extraordinaire, dont les victoires et les malheurs, les moindres actions et le repos même, avaient fait tant de bruit en Europe et en Asie. Mais Charles n'avait nulle envie d'essuyer toute cette pompe, ni de montrer en spectacle le prisonnier de Bender; il avait résolu même de ne jamais rentrer dans Stockholm, qu'il n'eût auparavant réparé ses malheurs par une meilleure fortune.

Quand il fut à Tergowits, sur les frontières de la Transilvanie, après avoir congédié son escorte turque, il assembla sa suite dans une grange, et il leur dit à tous de ne se mettre point en peine de sa personne, et de se trouver le plus tôt qu'il pourraient à Stralsund, en Poméranie, sur le bord de la mer Baltique, environ à trois cents lieues de l'endroit où ils étaient.

Il ne prit avec lui qu'un jeune homme nommé During, qu'il avait fait depuis peu colonel, et quitta ses officiers gaiement, les laissant tous dans l'étonnement, dans la crainte et dans la tristesse. Il prit une perruque noire pour se déguiser, car il portait toujours ses cheveux : mit un chapeau bordé d'or, avec un habit gris d'épine et un manteau bleu : prit le nom d'un officier Allemand; et courut la poste à cheval, avec le seul colonel During.

Il évita dans sa route, autant qu'il le put, les terres de ses ennemis déclarés et secrets : prit son chemin par la Hongrie, la Moravie, l'Autriche, la Bavière, le Wirtemberg, le Palatinat, la Westphalie et le Mecklenbourg; ainsi il fit presque le tour de l'Allemagne, et allongea son chemin de la moitié. A la fin de la première journée, après avoir couru sans relâche. Le jeune During, qui n'était pas endurci à ces fatigues excessives, comme le roi de Suède, s'évanouit en descendant de cheval. Le Roi, qui ne voulait pas s'arrêter un moment sur la route, demanda à During, quand celui-ci fut revenu à lui, combien il avait d'argent? During ayant répondu qu'il avait environ mille écus en or : « Donne-m'en « la moitié, dit le Roi; je vois bien que « tu n'es pas en état de me suivre, ja- « chèverai la route tout seul. » During le supplia de daigner se reposer du moins trois heures, l'assurant qu'au bout de ce temps, il serait en état de remonter à cheval et de suivre Sa Majesté; il le conjura de penser à tous les risques qu'il allait courir. Le Roi inexorable se fit donner les cinq cents écus, et demanda des chevaux. Alors During, effrayé de la résolution du Roi, s'avisa d'un stratagême innocent : il tira à part le maître de la poste, et lui montrant le roi de Suède : cet homme, lui dit-il est mon cousin; nous voyageons ensemble pour la même affaire, il voit que je suis malade, et ne veut pas seulement m'attendre trois heures; donnez-lui, je vous prie, le plus méchant cheval de votre écurie, et cherchez-moi quelque chaise ou quelque chariot de poste.

Il mit deux ducats dans la main du maître de poste, qui satisfit exactement à toutes ses demandes. On donna au Roi un cheval rétif et boiteux : ce monarque partit seul à dix heures du soir dans cet équipage, au milieu d'une nuit noire, avec le vent, la neige et la pluie. Son compagnon de voyage, après avoir dormi quelques heures, se mit en route dans un chariot traîné par de forts chevaux. A quelques milles il rencontra, au point du jour, le roi de Suède, qui ne pouvant plus faire marcher sa monture; s'en allait de son pied gagner la poste prochaine.

Il fut forcé de se mettre sur le chariot de During, il dormit sur la paille. Ensuite ils continuèrent leur route, courant à cheval le jour, et dormant sur une charrette la nuit sans s'arrêter en aucun lieu.

Après seize jours de course, non sans danger d'être arrêtés plus d'une fois, ils arrivèrent enfin le 21 novembre de l'année 1714, aux portes de la ville de Stralsund, à une heure après minuit.

Le Roi cria à la sentinelle qu'il était un courrier dépêché de Turquie par le roi de Suède, et qu'il fallait qu'on le fît parler dans le moment au général Ducker gouverneur de la place. La sentinelle repondit qu'il était tard, que le gouverneur était couché, et qu'il fallait attendre le point du jour.

Le Roi répliqua qu'il venait pour des affaires importantes, et leur déclara que s'ils n'allaient pas réveiller le gouverneur sans délai, ils serait tous pendus le lendemain matin. Un sergent alla enfin réveiller le gouverneur : Ducker s'imagina quec'était peut-être un des généraux du roi de Suède : on fit ouvrir les portes, on introduisit ce courrier dans sa chambre.

Ducker, à moitié endormi, lui demanda des nouvelles du roi de Suède : le Roi le prenant par le bras ; hé quoi! dit-il, Ducker, mes plus fidèles sujets m'ont-ils oublié? Le général reconnut le Roi : il ne pouvait croire ses yeux; il se jette en bas du lit, embrasse les genoux de son maître en versant des larmes de joie. La nouvelle en fut répandue à l'instant dans la ville : tout le monde se leva : les soldats vinrent entourer la maison du gouverneur. Les rues se remplirent des habitans, qui se demandaient les uns aux autres : est-il vrai que le Roi est ici? On fit des illuminations à toutes les fenêtres : le vin coula dans les rues à la lumière de mille flambeaux et au bruit de l'artillerie.

Cependant on mena le Roi au lit : il y avait seize jours qu'il ne s'était couché : il fallut lui couper ses bottes sur les jambes, qui s'étaient enflées par l'extrême fatigue. Il n'avait ni linge, ni habits : on lui fit une garderobe en hâte de ce qu'on put trouver de plus convenable dans la ville. Quand il eut dormi quelques heures, il ne se leva que pour aller faire la revue de ses troupes, et visiter les fortifications. Le jour même il envoya partout ses ordres pour recommencer une guerre plus vive que jamais contre tous ses ennemis.

L'Europe était alors dans un état bien différent de celui où elle était quand Charles la quitta en 1709.

La guerre qui en avait si long-temps déchiré toute la partie méridionale, c'est-à-dire, l'Allemagne, l'Angleterre, la

Hollande, la France, l'Espagne, le Portugal et l'Italie, était éteinte. Cette paix générale avait été produite par des brouilleries particulières arrivées à la cour d'Angleterre. Le comte d'Oxford, ministre habile, et le lord Bolingbrooke, un des plus brillans génies et l'homme le plus éloquent de son siècle, prévalurent contre le fameux duc de Marlboroug, et engagèrent la reine Anne à faire la paix avec Louis XIV. La France n'ayant plus l'Angleterre pour ennemie, força bientôt les autres puissances à s'accommoder.

Philippe V, petit-fils de Louis XIV, commençait à régner paisiblement sur les débris de la monarchie espagnole. L'empereur d'Allemagne, devenu maître de Naples et de la Flandre, s'affermissait dans ses vastes Etats; Louis XIV n'aspirait plus qu'à achever en paix sa longue carrière.

Anne, reine d'Angleterre, était morte

le 10 août 1714, haïe de la moitié de sa nation, pour avoir donné la paix à tant d'États. Son frère Jacques Stuard, prince malheureux, exclu du trône presque en naissant, n'ayant point paru alors en Angleterre, pour tenter de recueillir une succession que de nouvelles lois lui auraient donnée si son parti eût prévalu. George I, électeur de Hanovre fut reconnu unanimement roi de la Grande-Bretagne. Le trône appartenait à cet électeur, non en vertu du sang, quoiqu'il decendît d'une fille de Jacques I, mais en vertu d'un acte du parlement de la nation.

George, appelé dans un âge avancé à gouverner un peuple dont il n'entendait point la langue, et chez qui tout lui était étranger, se regardait comme l'électeur de Hanovre plutôt que comme le roi d'Angleterre. Toute son ambition était d'agrandir ses états d'Allemagne. Il repassait presque tous les ans la mer pour revoir des sujets dont il était adoré. Au reste, il se plaisait plus à vivre en homme qu'en maître. La pompe de la royauté était pour lui un fardeau pesant. Il vivait avec un petit nombre d'anciens courtisans qu'il admettait à sa familiarité. Ce n'était pas le roi de l'Europe qui eût le plus d'éclat; mais il était un des plus sages, et le seul qui connût sur le trône les douceurs de la vie privée et de l'amitié.

Tels étaient les principaux monarques, et telle était la situation du midi de l'Europe.

Les changemens arrivés dans le nord étaient d'une autre nature. Ses Rois étaient en guerre, et se réunissaient contre le roi de Suède.

Auguste était depuis long-temps remonté sur le trône de Pologne avec l'aide du Czar, et du consentement de l'empereur d'Allemagne, d'Anne d'Angleterre, et des états généraux, qui tous garans du traité d'Alt-Rantstadt, quand Charles XII imposait les lois, se désistèrent de leur garantie quand il ne fut plus à craindre.

Mais Auguste ne jouissait pas d'un pouvoir tranquille. La république de Pologne, en reprenant son Roi, reprit bientôt ses craintes du pouvoir arbitraire : elle était en armes pour l'obliger à se conformer aux *pacta conventa*, contrat sacré entre les peuples et les Rois; et semblait n'avoir rappelé son maître que pour lui déclarer la guerre. Dans les commencemens de ces troubles, on n'entendait pas prononcer le nom de Stanislas : son parti semblait anéanti, et on ne se ressouvenait en Pologne du roi de Suède, que comme d'un torrent qui avait changé le cours de toutes choses pour un temps dans son passage. Pultava et l'absence de Charles XII, en faisant tomber Stanislas, avaient aussi entraîné la chute du duc de Holstein, neveu de Charles, qui venait d'être dépouillé de ses Etats par le roi de Danemarck. Le roi de Suède avait aimé tendrement le père, il était pénétré et humilié des malheurs du fils; de plus, n'ayant rien fait en sa vie que pour la gloire, la chute des souverains qu'il avait faits ou rétablis, fut pour lui aussi sensible que la perte de tant de provinces.

C'était à qui s'enrichirait de ses pertes: Fréderic Guillaume, depuis peu roi de Prusse, qui paraissait avoir autant d'inclination à la guerre que son père avait été pacifique, commença par se faire livrer Stetin et une partie de la Poméranie, pour quatre cent mille écus payés au roi de Danemarck et au Czar.

George, électeur de Hanovre, devenu roi d'Angleterre, avait aussi séquestré entre ses mains le duché de Brême et de Verden, que le roi de Danemarck lui avait mis en dépôt pour soixante mille pistoles. Ainsi on disposait des dépouilles de Charles XII, et ceux qui les avaient en garde devenaient, par leurs intérêts, des ennemis aussi dangereux que ceux qui les avaient prises.

Quant au Czar, il était sans doute le plus à craindre : ses anciennes défaites, ses victoires, ses fautes mêmes, sa persévérance à s'instruire et à montrer à ses sujets ce qu'il avait appris, ses travaux continuels, en avaient fait un grand homme en tout genre. Déjà Riga était pris ; la Livonie, l'Ingrie, la Carelie, la moitié de la Finlande, tant de Provinces qu'avaient conquises les Rois ancêtres de Charles, étaient sous le joug moscovite.

Pierre Alexiowits, qui, vingt ans auparavant, n'avait pas une barque dans la mer Baltique, se voyait alors maître de cette mer, à la tête d'une flotte de trente grands vaisseaux de ligne.

Un de ces vaisseaux avait été construit de ses propres mains; il était le meilleur charpentier, le meilleur amiral, le meilleur pilote du nord. Il n'y avait point de passage difficile qu'il n'eût sondé lui-même depuis le fond du golfe de Bothnie jusqu'à l'Océan, ayant joint le travail d'un matelot aux expériences d'un philosophe et aux desseins d'un Empereur, et étant devenu amiral par degrés et à force de victoires, comme il avait voulu parvenir au généralat sur terre.

Tandis que le prince Gallitsin, général formé par lui, et l'un de ceux qui secondèrent le mieux ses entreprises, achevait la conquête de la Finlande, prenait la ville de Vasa, et battait les Suédois, cet Empereur se mit en mer pour aller conquérir l'île d'Alan, située dans la mer Baltique, à douze lieues de Stockholm.

Il partit pour cette expédition au commencement de juillet 1714, pendant que son rival Charles XII se tenait dans son lit à Démotica. Il s'embarqua au port de Cronslot, qu'il avait bâti depuis quelques années, à quatre milles de Pétersbourg. Ce nouveau port, la flotte qu'il contenait, les officiers et les matelots qui la montaient, tout cela était son ouvrage; et de quelque côté qu'il jetât les yeux, il ne voyait rien qu'il n'eût créé en quelque sorte.

La flotte russienne se trouva le 15 juillet à la hauteur d'Alan; elle était composée de trente vaisseaux de ligne, de quatre-vingts galères, et de cent demi-galères. Elle portait vingt mille soldats : l'amiral Apraxin la commandait; l'empereur moscovite y servait en qualité de contre-amiral. La flotte suédoise vint le 16 à sa rencontre, commandée par le vice-amiral Erinschild : elle était moins forte des deux tiers, cependant elle se battit pendant trois heures. Le Czar s'attacha au vaisseau d'Erinschild, et le prit après un combat opiniâtre.

Le jour de la victoire, il débarqua seize mille hommes dans Alan; et ayant pris plusieurs soldats suédois qui n'avaient pu encore s'embarquer sur la flotte d'Erinschild, il les amena prisonniers sur ses vaisseaux. Il rentra dans son port de Cronslot avec le grand vaisseau d'Erinschild, trois autres de moindre grandeur, une frégate et six galères, dont il s'était rendu maître dans ce combat.

De Cronslot il arriva dans le port de Pétersbourg, suivi de toute sa flotte victorieuse et des vaisseaux pris sur les ennemis. Il fut salué d'une triple décharge de cent cinquante canons : après quoi il fit une entrée triomphale qui le flatta encore davantage que celle de Moscou, parce qu'il recevait ces honneurs dans sa ville favorite, en un lieu où dix ans auparavant il n'y avait pas une cabane, et où il voyait alors trente-quatre mille cinq cents maisons; enfin, parce qu'il se trouvait non-seulement à la tête d'une marine victorieuse, mais de la première flotte russienne qu'on eût jamais vue dans la mer Baltique, et au milieu d'une nation à qui le nom de flotte n'était pas même connu avant lui.

On observa à Pétersbourg à peu près les mêmes cérémonies qui avaient décoré le triomphe à Moscou. Le vice-amiral suédois fut le principal ornement de ce triomphe nouveau. Pierre Alexiowits y parut en qualité de contre-amiral. Un boyard russien, nommé Romandowski, lequel représentait le Czar dans des occasions solennelles, était assis sur un trône, ayant à ses côtés douze sénateurs. Le contre-amiral lui présenta la relation de sa victoire, et on le déclara vice-amiral en considération de ses services; cérémonie bizarre, mais utile dans un pays où la subordination militaire était une des nouveautés que le Czar avait introduites.

L'empereur moscovite enfin victorieux des Suédois sur mer et sur terre, et ayant aidé à les chasser de la Pologne, y dominait à son tour. Il s'était rendu médiateur entre la république et Auguste; gloire aussi flatteuse peut-être que d'y avoir fait un Roi. Cet éclat et toute la fortune de Charles avaient passés au Czar : il en jouissait même plus utilement que n'avait fait son rival; car il faisait servir tous ses succès à l'avantage de son pays. S'il prenait une ville, les principaux artisans allaient porter à Pétersbourg leur industrie : il transportait en Moscovie les manufactures, les arts, les sciences des provinces conquises sur la Suède. Ses Etats s'enrichissaient par ses victoires ; ce qui, de tous les conquérans, le rendait le plus excusable.

La Suède au contraire, privée de presque toutes ses provinces au-delà de la mer, n'avait plus ni commerce, ni argent, ni crédit. Ses vieilles troupes, si redoutables, avaient péri dans les batailles ou de misère. Plus de cent mille Suédois étaient esclaves dans les vastes Etats du Czar, et presqu'autant avaient été vendus aux Turcs et aux Tartares. L'espèce d'hommes manquait sensiblement ; mais l'espérance renaquit dès qu'on sut le Roi à Stralsund.

Les impressions de respect et d'admiration pour lui, étaient encore si fortes dans l'esprit de ses sujets, que la jeunesse des campagnes se présenta en foule pour s'enrôler, quoique les terres n'eussent pas assez de mains pour les cultiver.

FIN DU SEPTIÈME LIVRE.

LIVRE HUITIÈME.

Charles marie la princesse sa sœur au prince de Hesse. — Il est assiégé dans Stralsund, et se sauve en Suède. — Entreprises du baron de Goërtz, son premier ministre. — Projets d'une réconciliation avec le Czar, et d'une descente en Angleterre. — Charles assiége Frédéricshall, en Norwège. — Il est tué. — Son caractère. — Goërtz est décapité.

LE Roi, au milieu de ces préparatifs, donna la sœur qui lui restait, Ulrike Eléonore, en mariage au prince Frédéric de Hesse-Cassel.

La reine douairière, grand'mère de Charles XII et de la princesse, âgée de quatre-vingts ans, fit les honneurs de cette fête, le 4 avril 1715, dans le palais de Stockholm, et mourut peu de temps après.

Ce mariage ne fut point honoré de la présence du Roi; il resta dans Stralsund, occupé à achever les fortifications de cette place importante, menacée par les rois de Danemarck et de Prusse. Il déclara cependant son beau-frère généralissime de ses armées en Suède. Ce prince avait servi les États-généraux dans les guerres contre la France: il était regardé comme un bon général, qualité qui n'avait pas peu contribué à lui faire épouser une sœur de Charles XII.

Les mauvais succès se suivaient alors aussi rapidement qu'autrefois les victoires. Au mois de juin de cette année 1715, les troupes allemandes du roi d'Angleterre et celles de Danemarck, investirent la forte ville de Vismar: les Danois et les Saxons, réunis au nombre de trente-six mille, marchèrent en même temps vers Stralsund, pour en former le siége. Les Rois de Danemarck et de Prusse coulèrent à fond, près de Stralsund, cinq vaisseaux suédois. Le Czar était alors sur la mer Baltique, avec vingt grands vaisseaux de guerre, et cent cinquante de transports, sur lesquels il y avait trente mille hommes. Il menaçait la Suède d'une descente; tantôt il avançait jusqu'à la côte d'Helsimbourg, tantôt il se présentait à la hauteur de Stockholm. Toute la Suède était en armes sur les côtes, et n'attendait que le moment de cette invasion. Dans ce même temps, ces troupes de terre chassaient de poste en poste les Suédois des places qu'ils possédaient encore dans la Finlande, vers le golfe de Bothnie; mais le Czar ne poussa pas plus loin ses entreprises.

A l'embouchure de l'Oder, fleuve qui partage en deux la Poméranie, et qui, après avoir coulé sous Stetin, tombe dans la mer Baltique, est la petite île d'Usedom. Cette place est très-importante par sa situation, qui commande l'Oder à droite et à gauche; celui qui en est le maître, l'est aussi de la navigation du fleuve. Le roi de Prusse avait délogé les Suédois de cette île, et s'en était saisi aussi bien que de Stetin qu'il gardait en sequestre; le tout, disait-il, *pour l'amour de la paix*. Les Suédois avaient repris l'île d'Usedom, au mois de mai 1715. Ils y avaient deux forts: l'un était le fort de la *Suine*, sur la branche de l'Oder qui porte ce nom; l'autre, de plus de conséquence, était Pennamonder, sur l'autre cours de la rivière. Le roi de Suède n'avait, pour garder ces deux forts et toute l'île, que deux cent cinquante soldats poméraniens, commandés par un vieil officier suédois, nommé Kuse-Slerp dont le nom mérite d'être conservé.

Le roi de Prusse envoie, le 4 août, quinze cents hommes de pied, et huit cents dragons pour débarquer dans l'île: ils arrivent et mettent pied à terre, sans opposition, du côté du fort de la Suine. Le commandant suédois leur abandonna ce fort comme le moins important; et ne pouvant partager le peu qu'il avait de monde, il se retira dans le château de Pennamonder avec sa petite troupe, résolu de se défendre jusqu'à la dernière extrémité.

Il fallut donc l'assiéger dans les formes: on embarque pour cet effet de l'artillerie à Stetin; on renforce les troupes prussiennes de mille fantassins, et de quatre cents cavaliers. Le 18 août, on ouvre la tranchée en deux endroits, et la place est vivement battue par le canon et par les mortiers. Pendant le siége, un soldat suédois, chargé en secret d'une lettre de Charles XII, trouva le moyen d'aborder dans l'île, et de s'introduire dans Pennamonder: il rendit la lettre au commandant : elle était conçue en ces termes :

« Ne faites aucun feu, que quand
« les ennemis seront au bord du fossé :
« défendez-vous jusqu'à la dernière
« goutte de votre sang ; je vous recom-
« mande à votre bonne fortune.

« CHARLES. »

Slerp ayant lu ce billet, résolut d'obéir et de mourir, comme il lui était ordonné, pour le service de son maître. Le vingt-deux, au point du jour, les ennemis donnèrent l'assaut : les assiégés n'ayant tiré que quand ils virent les assiégeans au bord du fossé, en tuèrent un grand nombre ; mais le fossé était comblé, la brèche large, le nombre des assiégeans trop supérieur, on entra dans le château par deux endroits à la fois ; le commandant ne songea alors qu'à vendre chèrement sa vie, et à obéir à la lettre. Il abandonne les brèches par où les ennemis entraient : il retranche près d'un bastion sa petite troupe, qui a l'audace et la fidélité de le suivre; il la place de façon qu'elle ne peut être entourée. Les ennemis courent à lui, étonnés de ce qu'il ne demande point quartier. Il se bat pendant une heure entière, et après avoir perdu la moitié de ses soldats, il est tué enfin avec son lieutenant et son major. Alors cent soldats qui restaient avec un seul officier, demandèrent la vie, et furent faits prisonniers : on trouva dans la poche du commandant la lettre de son maître, qui fut portée au roi de Prusse.

Pendant que Charles perdait l'île d'Usedom et les îles voisines qui furent bientôt prises : que Vismar était prêt de se rendre, qu'il n'avait plus de flotte, que la Suède était menacée, il était dans la ville de Stralsund, et cette place était déjà assiégée par trente-six mille hommes.

Stralsund, ville devenue fameuse en Europe par le siége qu'y soutint le roi de Suède, est la plus forte place de la Poméranie. Elle est bâtie entre la mer Baltique et le lac de Franken, sur le détroit de Gella : on n'y peut arriver de terre que sur une chaussée étroite, défendue par une citadelle, et par des retranchemens qu'on croyait inaccessibles. Elle avait une garnison de près de neuf mille hommes, et de plus le roi de Suède lui-même. Les rois de Danemarck et de Prusse entreprirent ce siége avec une armée de trente-six mille hommes, composée de Prussiens, de Danois et de Saxons.

L'honneur d'assiéger Charles XII était un motif si pressant, qu'on passa pardessus tous les obstacles, et qu'on ouvrit la tranchée la nuit du 19 au 20 octobre de cette année 1715.

Le roi de Suède, dans le commencement du siége, disait quil ne comprenait pas comment une place bien fortifiée, et munie d'une garnison suffisante, pouvait être prise. Ce n'est pas que dans le cours de ses conquêtes passées il n'eût pris plusieurs places, mais presque jamais par un siége régulier : la terreur de ses armes avait alors tout emporté ; d'ailleurs il ne jugeait pas des autres par lui-même, et n'estimait pas assez ses ennemis. Les assiégeans pressèrent leurs ouvrages avec une activité et des efforts qui furent secondés par un hasard très-singulier.

On sait que la mer Baltique n'a ni flux ni reflux : le retranchement qui couvrait la ville, et qui était appuyé, du côté de l'occident, à un marais impraticable, et, du côté de l'orient, à la mer, semblait hors de toute insulte. Personne n'avait fait attention que lorsque les vents d'occident soufflaient avec quelque violence, ils refoulaient les eaux de la mer Baltique vers l'orient, et ne leur laissaient que trois pieds de profondeur, vers ce retranchement, qu'on eût cru bordé d'une mer impraticable. Un soldat s'étant laissé tomber du haut du retranchement dans la mer, fut étonné de trouver fond : il conçut que cette découverte pourrait faire sa fortune; il déserta et alla au quartier du comte de Wackerbarth, général des troupes saxonnes, donner avis qu'on pouvait passer la mer à gué, et pénétrer sans peine au retranchement des Suédois. Le roi de Prusse ne tarda pas à profiter de l'avis.

Le lendemain donc à minuit, le vent d'occident soufflant encore, le lieutenant-colonel Koppen entra dans l'eau, suivi de dix-huit cents hommes : deux mille s'avançaient en même temps sur la chaussée qui conduisait à ce retranchement : toute l'artillerie des Prussiens tirait, et les Prussiens et les Danois donnaient l'alarme d'un autre côté.

Les Suédois se crurent sûrs de renverser ces deux mille hommes qu'ils voyaient venir si témérairement en apparence sur la chaussée ; mais tout à coup Koppen avec ses dix-huit cents hommes entre dans le retranchement du côté de la mer. Les Suédois, entourés et surpris, ne purent résister : le poste fut enlevé après un grand carnage. Quelques Suédois s'enfuirent vers la ville ; les assiégeans les y poursuivirent ; ils entraient pêle-mêle avec les fuyards ; deux officiers et quatre soldats saxons étaient déjà sur le pont-levis, mais on eut le temps de le lever : ils furent pris, et la ville fut sauvée pour cette fois.

On trouva dans ces retranchemens vingt-quatre canons que l'on tourna contre Stralsund. Le siége fut poussé avec l'opiniâtreté et la confiance que devait donner ce premier succès. On canonna et on bombarda la ville presque sans relâche.

Vis-à-vis Stralsund, dans la mer Baltique, est l'île de Rugen, qui sert de rempart à cette place, et où la garnison et les bourgeois auraient pu se retirer, s'ils avaient eu des barques pour les transporter. Cette île était d'une conséquence extrême pour Charles : il voyait bien que, si les ennemis en étaient les maîtres, il se trouverait assiégé par terre et par mer ; et que selon toutes les apparences, il serait réduit ou à s'ensevelir sous les ruines de Stralsund, ou à se voir prisonnier de ces mêmes ennemis qu'il avait si long-temps méprisés, et auxquels il avait imposé des lois si dures. Cependant le malheureux état de ses affaires ne lui avait pas permis de mettre dans Rugen une garnison suffisante il n'y avait pas plus de deux mille hommes de troupes.

Ses ennemis faisaient depuis trois mois toutes les dispositions nécessaires pour descendre dans cette île, dont l'abord est très-difficile ; enfin, ayant fait construire des barques, le prince d'Anhalt, à l'aide d'un temps favorable, débarqua dans Rugen le 15 novembre avec douze mille hommes.

Le jour même, le Roi, après avoir disputé pendant trois heures un ouvrage avancé, rentrant dans sa maison accablé de fatigue, apprend que les Danois et les Prussiens sont dans Rugen. Il était huit heures du soir quand on lui dit cette nouvelle : il se jette aussitôt dans un bâteau de pêcheur avec Poniatowsky, Grothusen, During, Dardof, et à neuf heures il était dans l'île. Il joint ses deux mille soldats, qui étaient retranchés près d'un petit port, à trois lieues de l'endroit où l'ennemi avait abordé : il se met à leur tête et marche au milieu de la nuit dans un silence profond. Le prince d'Anhalt avait déjà retranché ses troupes par une précaution qui semblait inutile. Les officiers qui commandaient sous lui ne s'attendaient pas d'être attaqués la nuit même, et croyaient Charles XII à Stralsund ; mais le prince d'Anhalt, qui savait de quoi Charles était capable, avait fait creuser un fossé profond, bordé de chevaux de frise, et prenait toutes ses sûretés, comme s'il eût eu une armée supérieure en nombre à combattre.

A deux heures du matin, Charles arrive aux ennemis sans faire le moindre bruit. Ses soldats se disaient les uns aux autres : *Arrachez les chevaux de frise.* Ces paroles furent entendues des sentinelles : l'alarme est donnée aussitôt dans le camp : les ennemis se mettent sous les armes : le Roi ayant ôté les chevaux de frise, vit devant lui un large fossé : *Ah ! dit-il, est-il possible ? je ne m'y attendais pas.* Cette surprise ne le découragea point ; il ne savait pas combien de troupes étaient débarquées : ses ennemis ignoraient de leur côté à quel petit nombre ils avaient affaire. L'obscurité de la nuit semblait favorable à Charles; il prend son parti sur-le-champ, il se jette dans le fossé accompagné des plus hardis, et suivi en un instant de tout le reste; les chevaux de frise arrachés, la terre éboulée, les troncs et les branches d'arbres qu'on put trouver, les soldats tués par les coups de mousquet tirés au hasard, servirent de fascines. Le Roi, les généraux qu'il avait avec lui, les officiers et les soldats les plus intrépides, montent sur l'épaule les uns des autres comme à un assaut. Le combat s'engage dans le camp ennemi. L'impétuosité suédoise mit d'abord le désordre parmi les Danois et les Prussiens; mais le nombre était trop inégal: les Suédois furent repoussés après un quart d'heure de combat, et repassèrent le fossé. Le prince d'Anhalt les poursuivit alors dans la plaine; il ne savait pas que dans ce moment c'était Charles

XII lui-même qui fuyait devant lui. Ce Roi malheureux rallia sa troupe en plein champ, et le combat recommença avec une opiniâtreté égale de part et d'autre. Grothusen, le favori du Roi, et le général Dardof, tombèrent morts auprès de lui. Charles en combattant passa sur le corps de ce dernier qui respirait encore. During, qui l'avait seul accompagné dans son voyage de Turquie à Stralsund, fut tué à ses yeux.

Au milieu de cette mêlée, un lieutenant danois, dont je n'ai jamais pu savoir le nom, reconnut Charles, et lui saisissant d'une main son épée, et de l'autre le tirant avec force par les cheveux : Rendez-vous, Sire, lui dit-il, où je vous tue. Charles avait à sa ceinture un pistolet ; il le tira de la main gauche sur cet officier, qui en mourut le lendemain matin. Le nom du roi Charles, qu'avait prononcé ce Danois, attira en un instant une foule d'ennemis. Le Roi fut entouré. Il reçut un coup de fusil au-dessous de la mamelle gauche. Le coup qu'il appelait une contusion, enfonçait de deux doigts. Le Roi était à pied, et prêt d'être tué ou pris. Le comte Poniatowsky combattait dans ce moment auprès de sa personne. Il lui avait sauvé la vie à Pultava, il eut le bonheur de la lui sauver encore dans ce combat de Rugen, et le remit à cheval.

Les Suédois se retirèrent vers un endroit de l'île nommé *Alteferre*, où il y avait un fort dont ils étaient encore maîtres. De-là le Roi passa à Stralsund, obligé d'abandonner les braves troupes qui l'avaient si bien secondé dans cette entreprise; elles furent faites prisonnières de guerre deux jours après.

Parmi ces prisonniers se trouva ce malheureux régiment français, composé des débris de la bataille d'Hochstedt, qui avait passé au service du roi Auguste, et delà à celui du roi de Suède: la plupart des soldats furent incorporés dans un nouveau régiment d'un fils du prince d'Anhalt, qui fut leur quatrième maître. Celui qui commandait dans Rugen ce régiment errant, était alors ce même comte de Villelongue, qui avait si généreusement exposé sa vie à Andrinople pour le service de Charles XII. Il fut pris avec sa troupe, et ne fut ensuite que très-mal récompensé de tant de services, de fatigues et de malheurs.

Le Roi, après tous ces prodiges de valeur qui ne servaient qu'à affaiblir ses forces, renfermé dans Stralsund et près d'y être forcé, était tel qu'on l'avait vu à Bender. Il ne s'étonnait de rien : le jour il faisait faire des coupures et des retranchemens derrière les murailles, la nuit il faisait des sorties sur l'ennemi : cependant Stralsund était battu en brèche; les bombes pleuvaient sur les maisons; la moitié de la ville était en cendres; les bourgeois, loin de murmurer, pleins d'admiration pour leur maître, dont les fatigues, la sobriété et le courage les étonnaient, étaient tous devenus soldats sous lui. Ils l'accompagnaient dans les sorties; ils étaient pour lui une seconde garnison.

Un jour que le Roi dictait des lettres pour la Suède à un secrétaire, une bombe tomba sur la maison, perça le toit et vint éclater près de la chambre même du Roi. La moitié du plancher tomba en pièces; le cabinet où le Roi dictait, étant pratiqué en partie dans une grosse muraille, ne souffrit point de l'ébranlement; et par un bonheur étonnant, nul des éclats qui sautaient en l'air n'entra dans ce cabinet dont la porte était ouverte. Au bruit de la bombe et au fracas de la maison qui semblait tomber, la plume échappa des mains du secrétaire. Qu'y a-t-il donc, lui dit le Roi d'un air tranquille? pourquoi n'écrivez-vous pas? Celui-ci ne put répondre que ces mots : « Hé ! Sire, la « bombe ! Hé bien, reprit le Roi, qu'a « de commun la bombe avec la lettre « que je vous dicte ? Continuez. »

Il y avait alors dans Stralsund un ambassadeur de France enfermé avec le roi de Suède. C'était un Colbert, comte de Croissy, lieutenant-général des armées de France, frère du marquis de Torcy, célèbre ministre d'État, et parent de ce fameux Colbert dont le nom doit être immortel en France. Envoyer un homme à la tranchée, ou en ambassade auprès de Charles XII, c'était presque la même chose. Le Roi entretenait Croissy des heures entières dans des endroits les plus exposés, pendant que le canon et les bombes tuaient du monde à côté et derrière eux, sans que le Roi s'aperçût du danger, ni que l'ambassadeur voulût lui faire seulement soupçonner qu'il y avait des endroits plus convenables pour parler d'affaires.

Ce ministre fit ce qu'il put, avant le siége, pour ménager un accommodement entre les rois de Suède et de Prusse; mais celui-ci demandait trop, et Charles XII ne voulait rien céder. Le comte de Croissy n'eut donc dans son ambassade d'autre satisfaction que celle de jouir de la familiarité de cet homme singulier. Il couchait souvent auprès de de lui sur le même manteau : il avait, en partageant ses dangers et ses fatigues, acquis le droit de lui parler avec liberté. Charles encourageait cette hardiesse dans ceux qu'il aimait; il disait quelquefois au comte de Croissy : « *Veni, maledicamus de Rege*, allons, disons un peu de mal de Charles XII. »

Croissy resta jusqu'au 13 novembre dans la ville; et enfin ayant obtenu des ennemis permission de sortir avec ses bagages, il prit congé du roi de Suède, qu'il laissa au milieu des ruines de Stralsund, avec une garnison dépérie des deux tiers, résolu de soutenir un assaut.

En effet, on en donna un deux jours après à l'ouvrage à corne. Les ennemis s'en emparèrent deux fois, et en furent deux fois chassés. Le Roi y combattit toujours parmi les grenadiers : enfin le nombre prévalut, les assiégeans en demeurèrent les maîtres. Charles resta encore deux jours dans la ville, attendant à tout moment un assaut général. Il s'arrêta le 19, jusqu'à minuit, sur un petit ravelin tout ruiné par les bombes et par le canon : le jour d'après, les officiers principaux le conjurèrent de ne plus rester dans une place qu'il n'était plus question de défendre ; mais la retraite était devenue aussi dangereuse que la place même. La mer Baltique était couverte de vaisseaux moscovites et danois. On n'avait dans le port de Stralsund qu'une petite barque à voiles et à rames. Tant de périls qui rendaient cette retraite glorieuse, y déterminèrent Charles. Il s'embarqua la nuit du 20 décembre 1715, avec dix personnes seulement. Il fallut casser la glace dont la mer était couverte dans le port; ce travail pénible dura plusieurs heures, avant que la barque pût voguer librement. Les amiraux ennemis avaient des ordres précis de ne point laisser sortir Charles de Stralsund, et de le prendre mort ou vif. Heureusement ils étaient sous le vent, et ne purent l'aborder; il courut un danger encore plus grand, en passant à la vue de l'île de Rugen, près d'un endroit nommé la *Babette*, où les Danois avaient élevé une batterie de douze canons. Ils tirèrent sur le Roi: les matelots faisaient force de voiles et de rames pour s'éloigner; un coup de canon tua deux hommes à côté de Charles, un autre fracassa le mât de la barque. Au milieu de ces dangers, le Roi arriva vers deux de ces vaisseaux qui croisaient dans la mer Baltique : dès le lendemain, Stralsund se rendit; la garnison fut faite prisonnière de guerre, et Charles aborda à Isted en Scanie, et delà se rendit à Carlscroon, dans un état bien autre que quand il en partit quinze ans auparavant, sur un vaisseau de cent vingt canons, pour aller donner des lois au nord.

Si près de sa capitale, on s'attendait qu'il la reverrait après cette longue absence; mais son dessein était de n'y rentrer qu'après des victoires. Il ne pouvait se résoudre d'ailleurs à revoir des peuples qui l'aimaient et qu'il était forcé d'opprimer pour se défendre contre ses ennemis. Il voulut seulement voir sa sœur : il lui donna rendez-vous sur le bord du lac Veter, en Ostrogothie; il s'y rendit en poste, suivi d'un seul domestique, et s'en retourna après avoir resté un jour avec elle.

De Carlscroon, où il séjourna l'hiver, il ordonna de nouvelles levées d'hommes dans son royaume. Il croyait que tous ses sujets n'étaient nés que pour le suivre à la guerre, et il les avait accoutumés à le croire aussi.

On enrôlait des jeunes gens de quinze ans : il ne resta, dans plusieurs villages, que des vieillards, des enfans et des femmes ; on voyait même en beaucoup d'endroits, les femmes seules labourer la terre.

Il était encore plus difficile d'avoir une flotte; pour y suppléer, on donna des commissions à des armateurs qui, moyennant des priviléges excessifs et ruineux pour le pays, équipèrent quelques vaisseaux ; ces efforts étaient les dernières ressources de la Suède. Pour subvenir à tant de frais, il fallut prendre la substance des peuples. Il n'y eut point d'extorsion que l'on n'inventât sous le nom de taxe et d'impôt. On fit la visite dans toutes les maisons, et on en tira la moitié des provisions, pour être mises dans les magasins du Roi; on acheta pour son compte, tout le fer qui était dans le royaume, que le gouvernement paya en billets, et qu'il vendit en argent. Tous ceux qui portaient des habits où il entrait de la soie, qui avaient des perruques et des épées dorées, furent taxés. On mit un impôt excessif sur les cheminées. Le peuple, accablé de tant d'exactions, se fût révolté sous tout autre Roi; mais le paysan le plus malheureux de la Suède, savait bien que son maître menait une vie encore plus dure et plus frugale que lui; ainsi tout se soumettait sans murmure, à des rigueurs que le Roi endurait le premier.

Le danger public fit même oublier les misères particulières: on s'attendait à tout moment à voir les Moscovites, les Danois, les Prussiens, les Saxons, les Anglais même descendre en Suède; cette crainte était si bien fondée et si forte, que ceux qui avaient de l'argent ou des meubles précieux, les enfouissaient dans la terre.

En effet, une flotte anglaise avait déjà paru dans la mer Baltique, sans qu'on sût quels étaient ses ordres, et le roi de Danemarck avait la parole du Czar, que les Moscovites joints aux Danois, fondraient en Suède au printemps de 1716.

Ce fut une surprise extrême pour toute l'Europe attentive à la fortune de Charles XII, quand au lieu de défendre son pays menacé par tant de princes, il passa en Norwège, au mois de mars 1716, avec vingt mille hommes.

Depuis Annibal, on n'avait point encore vu de général qui, ne pouvant se soutenir chez lui-même contre ses ennemis, fût allé leur faire la guerre au cœur de leurs États. Le prince de Hesse, son beau frère, l'accompagna dans cette expédition.

On ne peut aller de Suède en Norwège

que par par des défilés assez dangereux; et quand on les a passés, on rencontre, de dissance en distance, des flaques d'eau que la mer y forme entre des rochers; il fallait faire des ponts chaque jour. Un petit nombre de Danois aurait pu arrêter l'armée suédoise; mais on n'avait pas prévu cette invasion subite. L'Europe fut encore plus étonnée que le Czar demeurât tranquille au milieu de ses événemens, et ne fit pas une descente en Suède, comme il en était convenu avec ses alliés.

La raison de cette inaction était un dessein des plus grands, mais en même temps des plus difficiles à exécuter, qu'ait jamais formé l'imagination humaine.

Le baron Henri de Goërtz, né en Franconie, et baron immédiat de l'Empire, ayant rendu des services importans au roi de Suède, pendant le séjour de ce monarque à Bender, était depuis devenu son favori et son premier ministre.

Jamais homme ne fut si souple et si

audacieux à la fois, si plein de ressources dans les digrâces, si vaste dans ses desseins, ni si actif dans ses démarches : nul projet ne l'effrayait, nul moyen ne lui coûtait ; il prodiguait les dons, les promesses, les sermens, la vérité et le mensonge.

Il allait de Suède en France, en Angleterre, en Hollande essayer lui-même les ressorts qu'il voulait faire jouer. Il eût été capable d'ébranler l'Europe ; et il en avait conçu l'idée. Ce que son maître était à la tête d'une armée, il l'était dans le cabinet ; aussi prit-il sur Charles XII un ascendant qu'aucun ministre n'avait eu avant lui.

Ce Roi, qui à l'âge de vingt ans n'avait donné que des ordres au comte Piper, recevait alors des leçons du baron de Goërtz, d'autant plus soumis à ce ministre, que le malheur le mettait dans la nécessité d'écouter des conseils, et que Goërtz ne lui en donnait que de conformés à son courage. Il remarqua que de tant de princes réunis contre la Suède, George, électeur de Hanovre, roi d'Angleterre, était celui contre lequel Charles était le plus piqué, parce que c'était le seul que Charles n'eût point offensé ; que George était entré dans la querelle, sous prétexte de l'appaiser, et uniquement pour garder Brême et Verden, auxquels il semblait n'avoir d'autre droit que de les avoir achetés à vil prix du roi de Danemarck, à qui ils n'appartenaient pas.

Il entrevit aussi de bonne heure, que le Czar était secrètement mécontent des alliés, qui tous l'avaient empêché d'avoir un établissement dans l'empire d'Allemagne, où ce monarque, devenu trop dangereux, n'aspirait qu'à mettre le pied. Vismar, la seule ville qui restât encore aux Suédois, sur les côtes d'Allemagne, venait enfin de se rendre aux Prussiens et aux Danois, le 14 février 1716. Ceux-ci ne voulurent pas seulement souffrir que les troupes Moscovites qui étaient dans le Meckelbourg, parussent à ce siége. De pareilles défiances, réitérées depuis deux ans, avaient aliéné l'esprit du Czar, et avaient peut-être empêché la ruine de la Suède. Il y a beaucoup d'exemples d'États alliés conquis par une seule puissance; il y en a bien peu d'un grand Empire conquis par plusieurs alliés: si leurs forces réunies l'abattent, leurs divisions la relèvent bientôt.

Dès l'année 1714, le Czar eût pu faire une descente en Suède; mais soit qu'il ne s'accordât pas avec les rois de Pologne, d'Angleterre, de Danemarck et de Prusse, alliés justement jaloux, soit qu'il ne crût pas encore ses troupes assez aguerries pour attaquer sur ses propres foyers cette même nation, dont les seuls paysans avaient vaincu l'élite des troupes Danoises, il recula toujours cette entreprise.

Ce qui l'avait arrêté encore était le besoin d'argent. Le Czar était un des plus puissans monarques du monde, mais un des moins riches : ses revenus ne montaient pas alors à plus de 24 millions de nos livres. Il avait découvert des mines d'or, d'argent, de fer, de cuivre; mais le profit en était encore incertain, et le travail ruineux. Il établissait un grand commerce; mais les commencemens ne lui apportaient que des espérances; ses provinces nouvellement conquises augmentaient sa puissance et sa gloire, sans accroître encore ses revenus. Il fallait du temps pour fermer les plaies de la Livonie, pays abondant, mais désolé par quinze ans de guerre, par le fer, par le feu et par la contagion, vide d'habitans, et qui était alors à charge à son vainqueur. Les flottes qu'il entrenait, les nouvelles entreprises qu'il faisait tous les jours, épuisaient ses finances. Il avait été réduit à la mauvaise ressource de hausser les monnaies, remède qui ne guérit jamais les maux d'un État, et qui est surtout préjudiciable à un pays qui reçoit des étrangers plus de marchandises qu'il ne leur en fournit.

Voilà en partie les fondemens sur lesquels Goërtz bâtit le dessein d'une révolution. Il osa proposer au roi de Suède d'acheter la paix de l'empereur Moscovite, à quelque prix que ce pût être, lui faisant envisager le Czar, irrité contre les rois de Pologne et d'Angleterre, et lui donnant à entendre que Pierre Alexiowits et Charles XII réunis, pourraient faire trembler le reste de l'Europe.

Il n'y avait pas moyen de faire la paix avec le Czar, sans céder une grande partie des provinces qui sont à l'orient et au nord de la mer Baltique; mais il lui fit considérer, qu'en cédant ces provinces, que le Czar possédait déjà, et qu'on ne pouvait reprendre, le Roi pourrait avoir la gloire de remettre à la fois Stanislas sur le trône de Pologne, de replacer le fils de Jacques II sur celui d'Angleterre, et de rétablir le duc de Holstein dans ses États.

Charles, flatté de ces grandes idées, sans pourtant y compter beaucoup, donna carte blanche à son ministre. Goërtz partit de Suède, muni d'un plein pouvoir qui l'autorisait à tout, sans restriction, et le rendait plénipotentiaire auprès de tous les princes avec qui il jugerait à propos de négocier. Il fit d'abord sonder la Cour de Moscou, par le moyen d'un Ecossais nommé Areskins, premier médecin du Czar, dévoué au parti du prétendant, ainsi que l'étaient presque tous les Ecossais qui ne subsistaient pas des faveurs de la Cour de Londres.

Ce médecin fit valoir au prince Menzikoff l'importance et la grandeur du projet, avec toute la vivacité d'un homme qui y était intéressé. Le prince Menzikoff goûta ses ouvertures ; le Czar les approuva. Au lieu de descendre en Suède, comme il en était convenu avec les alliés, il fit hiverner ses troupes dans le Meckelbourg, et il y vint lui-même, sous prétexte de terminer les querelles qui commençaient à naître entre le duc de Meckelbourg et la noblesse de ce pays ; mais poursuivant en effet son dessein favori, d'avoir une principauté en Allemagne, et comptant engager le duc de Meckelbourg à lui vendre sa souveraineté.

Les alliés furent irrités de cette démarche ; ils ne voulaient point d'un voisin si terrible, qui ayant une fois des terres en Allemagne, pourrait un jour s'en faire élire Empereur, et en opprimer les souverains. Plus ils étaient irrités, plus le grand projet du baron de Goërtz s'avançait vers le succès. Il négociait cependant avec tous les princes confédérés, pour mieux cacher ses intrigues secrètes. Le Czar les amusait tous aussi par des espérances. Charles XII cependant était en Norwège, avec son beau-frère le prince de Hesse, à la tête de vingt mille hommes; la province n'était gardée que par onze mille Danois divisés en plusieurs corps, que le Roi et le prince de Hesse passèrent au fil de l'épée.

Charles avança jusqu'à Christiana, capitale de ce Royaume: la fortune recommençait à lui devenir favorable dans ce coin du monde; mais jamais le Roi ne prit assez de précautions pour faire subsister ses troupes. Une armée et une flotte danoise approchaient pour défendre la Norwège; Charles, qui manquait de vivres, se retira en Suède, attendant l'issue des vastes entreprises de son ministre.

Cet ouvrage demandait un profond secret et des préparatifs immenses, deux choses assez incompatibles. Goërtz fit chercher jusque dans les mers de l'Asie un secours, qui, tout odieux qu'il paraissait, n'en eût pas été moins utile pour une descente en Ecosse, et qui du moins eût apporté en Suède de l'argent, des hommes et des vaisseaux.

Il y avait long-temps que des pirates de toutes nations, et particulièrement des Anglais, ayant fait entr'eux une association, infestaient les mers de l'Europe et de l'Amérique. Poursuivis partout sans quartier, ils venaient de se retirer sur les côtes de Madagascar, grande île à l'orient de l'Afrique. C'étaient des hommes désespérés, presque tous connus par des actions auxquelles il ne manquait que de la justice pour être héroïques. Ils cherchaient un prince qui voulût les recevoir sous sa protection; mais les lois des nations leur fermaient tous les ports du monde.

Dès qu'ils surent que Charles XII était retourné en Suède, ils espérèrent que ce prince, passionné pour la guerre, obligé de la faire, et manquant de flotte et de soldats, leur ferait une bonne composition, ils lui envoyèrent un député qui vint en Europe, sur un vaisseau hollandais, et qui alla proposer au baron de Goërtz de les recevoir dans le port de Gottembourg, où ils s'offraient de se rendre avec soixante vaisseaux chargés de richesses.

Le baron fit agréer au Roi la proposition; on envoya même, l'année suivante, deux gentilshommes suédois, l'un nommé Kromstrom, et l'autre Mendal, pour consommer la négociation avec ces corsaires de Madagascar.

On trouva depuis, un secours plus noble et plus important dans le cardinal Alberoni, puissant génie, qui a gouverné l'Espagne assez long-temps pour sa gloire, et trop peu pour la grandeur de cet Etat.

Il entra avec ardeur dans le projet de

mettre le fils de Jacques II sur le trône d'Angleterre. Cependant, comme il ne venait que de mettre le pied dans le ministère, et qu'il avait l'Espagne à rétablir avant que de songer à bouleverser d'autres royaumes, il semblait qu'il ne pouvait de plusieurs années mettre la main à cette grande machine; mais en moins de deux ans, on le vit changer la face de l'Espagne, lui rendre son crédit dans l'Europe, engager, à ce qu'on prétend, les Turcs à attaquer l'empereur d'Allemagne, et tenter en même-temps d'ôter la régence de France au duc d'Orléans, et la couronne de la Grande-Bretagne au roi George; tant un seul homme est dangereux quand il est absolu dans un puissant Etat, et qu'il a de la grandeur et du courage dans l'esprit.

Goërtz ayant ainsi dispersé à la Cour de Moscovie et à celle d'Espagne, les premières étincelles de l'embrasement qu'il méditait, alla secrètement en

France, et delà en Hollande, où il vit les adhérens du prétendant.

Il s'informa plus particulièrement de leurs forces, du nombre et de la disposition des mécontens d'Angleterre, de l'argent qu'ils pouvaient fournir et des troupes qu'ils pouvaient mettre sur pied. Les mécontens ne demandaient qu'un secours de dix mille hommes, et faisaient envisager une révolution sûre avec l'aide de ces troupes.

Le comte de Gillembourg, ambassadeur de Suède en Angleterre, instruit par le baron de Goërtz, eut plusieurs conférences à Londres avec les principaux mécontens : il les encouragea et leur promit tout ce qu'ils voulurent; le parti du prétendant alla jusqu'à fournir des sommes considérables que Goërtz toucha en Hollande. Il négocia l'achat de quelques vaisseaux, et en acheta six en Bretagne, avec des armes de toute espèce.

Il envoya alors secrètement en France plusieurs officiers, entr'autres le chevalier de Follard, qui, ayant fait trente campagnes dans les armées françaises, et y ayant fait peu de fortune, avait été depuis peu offrir ses services au roi de Suède, moins par des vues intéressées que par le désir de servir sous un Roi qui avait une réputation si étonnante. Le chevalier de Follard espérait d'ailleurs faire goûter à ce prince les nouvelles idées qu'il avait sur la guerre; il avait étudié toute sa vie cet art en philosophe, et il a depuis communiqué ses découvertes au public dans ses commentaires sur Polybe. Ses vues furent goûtées de Charles XII, qui lui-même avait fait la guerre d'une manière nouvelle, et qui ne se laissait conduire en rien par la coutume; il destina le chevalier de Follard à être un des instrumens dont il voulait se servir dans la descente projetée en Ecosse. Ce gentilhomme exécuta en France les ordres secrets du baron de Goërtz. Beaucoup d'officiers français, un plus grand nombre d'irlandais, entrèrent dans cette conjuration d'une espèce nouvelle, qui se tramait en même-temps en Angleterre, en France, en Espagne, en Moscovie, et dont les branches s'étendaient secrètement d'un bout de l'Europe à l'autre.

Ces préparatifs étaient encore peu de chose pour le baron de Goërtz; mais c'était beaucoup d'avoir commencé. Le point le plus important et sans lequel rien ne pouvait réussir, était d'achever la paix entre le Czar et Charles; il restait beaucoup de difficultés à aplanir. Le baron Osterman, ministre d'Etat en Moscovie, ne s'était point laissé entraîner d'abord aux vues de Goërtz; il était aussi circonspect que le ministre de Charles était entreprenant. Sa politique lente et mesurée voulait laisser tout mûrir; le génie impatient de l'autre prétendait recueillir immédiatement après avoir semé. Osterman craignait que l'Empereur, son maître, ébloui par l'éclat de cette entreprise, n'accordât à la Suède une paix trop avantageuse ; il retardait par ses longueurs et par ses obstacles la conclusion de cette affaire.

Heureusement pour le baron de Goërtz, le Czar lui-même vint en Hollande au commencement de 1717. Son dessein était de passer ensuite en France ; il lui manquait d'avoir vu cette nation célèbre, qui est depuis plus de cent ans censurée, enviée et imitée par tous ses voisins ; il voulait y satisfaire sa curiosité insatiable de voir et d'apprendre, et exercer en même-temps sa politique.

Goërtz vit deux fois à la Haye cet Empereur, il avança plus dans ces deux conférences qu'il n'eût fait en six mois avec des plénipotentiaires. Tout prenait un tour favorable : ses grands desseins paraissaient couverts d'un secret impénétrable; il se flattait que l'Europe ne les apprendrait que par l'exécution. Il ne parlait cependant à la Haye que de paix : il disait hautement qu'il voulait regarder le roi d'Angleterre comme le pacificateur du Nord; il pressait même en apparence la tenue d'un congrès à Brunswik, où les intérêts de la Suède et de ses ennemis devaient être décidés à l'amiable.

Le premier qui découvrit ces intrigues fut le duc d'Orléans, régent de France; il avait des espions dans toute l'Europe. Ce genre d'hommes, dont le métier est de vendre le secret de leurs amis, et qui subsistent de délations et souvent même de calomnies, s'était tellement multiplié en France, sous son gouvernement, que la moitié de la nation était devenue l'espion de l'autre. Le duc d'Orléans, lié avec le roi d'Angleterre par des engagemens personnels, lui découvrit les menées qui se tramaient contre lui.

Dans le même temps les Hollandais, qui prenaient des ombrages de la conduite de Goërtz, communiquèrent leurs soupçons au ministre anglais. Goërtz et Gillembourg pousuivaient leurs desseins avec chaleur, lorsqu'ils furent arrêtés tous deux, l'un à Deventer en Gueldre, et l'autre à Londres.

Comme Gillembourg, ambassadeur de Suède, avait violé le droit des gens, en conspirant contre le prince auprès duquel il était envoyé, on viola sans scrupule le même droit en sa personne. Mais on s'étonna que les état-généraux, par une complaisance inouie pour le roi d'Angleterre, missent en prison le baron de Goërtz. Ils chargèrent même le comte de Welderen de l'interroger. Cette formalité ne fut qu'un outrage de plus, lequel devenant inutile, ne tourna qu'à leur confusion. Goërtz demanda au comte de Welderen, s'il était connu de lui? Oui, Monsieur, répondit le Hollandais. « Hé bien, *dit le baron de* « *Goërtz*, si vous me connaissez, vous « devez savoir que je ne dis que ce que « je veux. » L'interrogatoire ne fut guère poussé plus loin; tous les ambassadeurs, mais particulièrement le marquis de Monteléon, ministre d'Espagne en Angleterre, protestèrent contre l'attentat commis envers la personne de Goërtz et de Gillembourg. Les Hollandais étaient sans excuse, ils avaient non-seulement violé un droit sacré en arrêtant le premier ministre du roi de Suède, qui n'avait rien machiné contre eux, mais ils agissaient directement contre les principes de cette liberté précieuse qui a attiré chez eux tant d'étrangers, et qui a été le fondement de leur grandeur.

A l'égard du roi d'Angleterre, il n'avait rien fait que de juste en arrêtant prisonnier un ennemi. Il fit, pour sa justification, imprimer les lettres du baron de Goërtz et du comte de Gillembourg, trouvées dans les papiers du dernier. Le roi de Suède était alors dans la province de Scanie; on lui apporta ces lettres imprimées avec la nouvelle de l'enlèvement de ses deux ministres. Il demanda en souriant, si on n'avait pas aussi imprimé les siennes? Il ordonna aussitôt qu'on arrêtât à Stockholm le résident anglais avec toute sa famille et ses domestiques ; il défendit sa Cour au résident hollandais, qu'il fit garder à vue. Cependant il n'avoua ni ne désavoua le baron de Goërtz, trop fier pour nier une entreprise qu'il avait approuvée, et trop sage pour convenir d'un dessein éventé presque dans sa naissance, il se tint dans un silence dédaigneux avec l'Angleterre et la Hollande.

Le Czar prit tout un autre parti. Comme

il n'était point nommé, mais obscurément impliqué dans les lettres de Gillembourg et de Goërtz, il écrivit au roi d'Angleterre une longue lettre pleine de complimens sur la conspiration, et d'assurance d'une amitié sincère. Le roi George reçut ses protestations sans les croire, et feignit de se laisser tromper. Une conspiration tramée par des particuliers, quand elle est découverte, est anéantie ; mais une conspiration de Rois n'en prend que de nouvelles forces. Le Czar arriva à Paris au mois de mai de la même année 1717 ; il ne s'y occupa pas uniquement à voir les beautés de l'art et de la nature, à visiter les académies, les bibliothèques publiques, les cabinets des curieux, les maisons royales ; il proposa au duc d'Orléans, régent de France, un traité, dont l'acceptation eût pu mettre le comble à la grandeur moscovite. Son dessein était de se réunir avec le roi de Suède, qui lui cédait de grandes provinces; d'ôter entièrement aux Danois l'empire de la mer Baltique, d'affaiblir les Anglais par une guerre civile, et d'attirer à la Moscovie tout le commerce du Nord. Il ne s'éloignait pas même de remettre le roi Stanislas aux prises avec le roi Auguste, afin que le feu étant allumé de tous côtés, il pût courir pour l'attiser ou pour l'éteindre, selon qu'il y trouverait ses avantages. Dans ces vues, il proposa au régent de France la médiation entre la Suède et la Moscovie, et de plus une alliance offensive et défensive avec ces Couronnes et celle d'Espagne. Ce traité, qui paraissait si naturel, si utile à ces nations, et qui mettait dans leurs mains la balance de l'Europe, ne fut cependant pas accepté du duc d'Orléans. Il prenait précisément dans ce temps des engagemens tout contraires; il se liguait avec l'empereur d'Allemagne et George, roi d'Angleterre. La raison d'Etat changeait alors dans l'esprit de tous les princes, au point que le Czar était prêt de se déclarer contre son ancien allié le roi Auguste, et d'embrasser les querelles de Charles son mortel ennemi, pendant que la France allait, en faveur des Allemands et des Anglais, faire la guerre au petit-fils de Louis XIV, après l'avoir soutenu si long-temps contre ces mêmes ennemis aux dépens de tant de trésors et de sang. Tout ce que le Czar obtint par des voies indirectes, fut que le régent interposât ses bons offices pour l'élargissement du baron de Goërtz et du comte de Gillembourg. Il s'en retourna dans ses États à la fin de juin, après avoir donné à la France le spectacle rare d'un Empereur qui voyageait pour s'instruire; mais trop de Français ne virent en lui que les dehors grossiers que sa mauvaise éducation lui avait laissés; et le législateur, le le créateur d'une nation nouvelle, le grand homme leur échappa.

Ce qu'il cherchait dans le duc d'Orléans, il le trouva bientôt dans le cardinal Alberoni, devenu tout-puissant en Espagne. Alberoni ne souhaitait rien tant que le rétablissement du prétendant, et comme ministre de l'Espagne, que l'Angleterre avait si maltraitée, et comme ennemi personnel du duc d'Orléans, lié avec l'Angleterre contre l'Espagne, et enfin comme prêtre d'une église pour laquelle le père du prétendant avait si mal à propos perdu sa couronne.

Le duc d'Ormond, aussi aimé en Angleterre que le duc de Marlborough y était admiré, avait quitté son pays à l'avénement du roi George, et s'était alors retiré à Madrid; il alla, muni des pleins pouvoirs du roi d'Espagne et du prétendant, trouver le Czar sur son passage à Mittau en Courlande, accompagné d'Irnegan, autre Anglais, homme habile et entreprenant. Il demanda la princesse Anne Petrowna, fille du Czar, en mariage pour le fils de Jacques II, espérant que cette alliance attacherait plus étroitement le Czar aux intérêts de ce Prince malheureux. Mais cette proposition faillit à reculer les affaires pour un temps, au lieu de les avancer. Le baron de Goërtz avait, dans ses projets, destiné depuis long-temps cette princesse au duc de Holstein, qui en effet l'a épousé depuis. Dès qu'il sut cette proposition du duc d'Ormond, il en fut jaloux, et s'appliqua à la traverser. Il sortit de prison au mois d'août, aussi bien que le comte de Gillembourg, sans que le roi de Suède eût daigné faire la moindre excuse au roi d'Angleterre, ni montrer le plus léger mécontentement de la conduite de son ministre.

En même temps on élargit à Stockholm le résident anglais et toute sa famille, qui avaient été traités avec coup plus de sévérité que Gillembourg ne l'avait été à Londres.

Goërtz en liberté fut un ennemi déchaîné, qui outre les puissans motifs qui l'agitaient, eût encore celui de la vengeance. Il se rendit en poste auprès du Czar; et ses insinuations prévalurent plus que jamais auprès de ce prince. D'abord il l'assura qu'en moins de trois mois il leverait avec un seul plénipotentiaire de Moscovie, tous les obstacles qui retardaient la conclusion de la paix avec la Suède : il prit entre ses mains une carte géograghique que le Czar avait dessinée lui-même; et tirant une ligne depuis Wibourg jusqu'à la mer Glaciale, en passant par le lac de Ladoga, il se fit fort de porter son maître à céder ce qui était à l'orient de cette ligne, aussi bien que la Carelie, l'Ingrie et la Livonie : ensuite il jeta des propositions de mariage entre la fille de sa majesté czarienne et le duc de Holstein, le flattant que ce duc lui pourtait céder ses Etats moyennant un équivalent; que par-là il serait membre de l'Empire, lui montrant de loin la couronne impériale, soit pour quelqu'un de ses descendans, soit pour lui-même. Il flattait ainsi les vues ambitieuses du monarque moscovite, ôtait au prétendant la princesse czarienne, en même temps qu'il lui ouvrait le chemin de l'Angleterre; et il remplissait toutes ses vues à la fois.

Le Czar nomma l'île d'Alan pour les conférences que son ministre d'Etat Osterman devait avoir avec le baron de Goërtz. On pria le duc d'Ormond de s'en retourner pour ne pas donner de trop violens ombrages à l'Angleterre, avec laquelle le Czar ne voulait rompre que sur le point de l'invasion; on retint seulement à Pétersbourg Irnegan, le confident du duc d'Ormond, qui fut chargé des intrigues, et qui logea dans la ville avec tant de précaution, qu'il ne sortait que de nuit, et ne voyait jamais les ministres du Czár, que déguisé tantôt en paysan, tantôt en Tartare.

Dès que le duc d'Ormond fut parti, le Czar fit valoir au roi d'Angleterre sa complaisance d'avoir renvoyé le plus grand partisan du prétendant; et le baron de Goërtz, plein d'espérance, retourna en Suède.

Il retrouva son maître à la tête de trente-cinq mille hommes de troupes réglées, et les côtes bordées de milices. Il ne manquait au Roi que de l'argent: le crédit était épuisé en dedans et en dehors du royaume. La France, qui lui avait fourni quelques subsides dans les dernières années de Louis XIV, n'en donnait plus sous la régence du duc d'Orléans, qui se conduisait par des vues toutes contraires. L'Espagne en promettait; mais elle n'était pas encore en état d'en fournir beaucoup. Le baron de Goërtz donna alors une libre étendue à un projet qu'il avait déjà essayé avant d'aller en France et en Hollande. C'était de donner au cuivre la même valeur qu'à l'argent, de sorte qu'une pièce de cuivre dont la valeur intrinsèque est un demi-sou, passait pour quarante sous, avec la marque du prince; à peu près comme dans une ville assiégée les gouverneurs ont souvent payé les soldats et les bourgeois avec de la monnaie de cuir, en attendant qu'on pût avoir des espèces réelles. Ces monnaies fictives, inventées par la nécessité, et auxquelles la bonne foi seule peut donner un crédit durable, sont comme des billets de change, dont la valeur imaginaire peut excéder aisément les fonds qui sont dans un État.

Ces ressources sont d'un excellent usage dans un pays libre : elles ont quelquefois sauvé une république ; mais elles ruinent presque sûrement une monarchie. Car les peuples manquant bientôt de confiance, le ministre est réduit à manquer de bonne foi ; les monnaies idéales se multiplient avec excès, les particuliers enfouissent leur argent, et la machine se détruit avec une confusion accompagnée souvent des plus grands malheurs. C'est ce qui arriva au royaume de Suède.

Le baron de Goërtz ayant d'abord répandu avec discrétion dans le public les nouvelles espèces, fut entraîné en peu de temps au-delà de ses mesures par la rapidité du mouvement qu'il ne pouvait plus conduire. Toutes les marchandises et toutes les denrées ayant monté à un prix excessif, il fut forcé d'augmenter le nombre des espèces de cuivre. Plus elles se multiplièrent, plus elles furent décréditées; la Suède, inondée de cette fausse monnaie, ne forma qu'un cri contre le baron de Goërtz. Les peuples, toujours pleins de vénération pour Charles XII, n'osaient presque le haïr, et faisaient tomber le poids de leur aversion sur un ministre qui, comme étranger, et comme gouvernant les finances, était doublement assuré de la haine publique.

Un impôt qu'il voulut mettre sur le clergé, acheva de le rendre exécrable à la nation; les prêtres, qui trop souvent joignent leur cause à celle de Dieu, l'appelèrent publiquement athée, parce qu'il leur demandait de l'argent. Les nouvelles espèces de cuivre avaient l'empreinte de quelques dieux de l'antiquité, on en prit occasion d'appeler ces pièces de monnaie, les dieux du baron de Goërtz.

A la haine publique contre lui se joignit la jalousie des ministres, implacable à mesure qu'elle était alors impuissante. La sœur du Roi et le prince son mari, le craignaient comme un homme attaché par sa naissance au duc de Holstein, et capable de lui mettre un jour la couronne de Suède sur la tête. Il n'avait plu dans le royaume qu'à Charles XII; mais cette aversion générale ne servait qu'à confirmer l'amitié du Roi, dont les sentimens s'affermissaient toujours par les contradictions. Il marqua alors au baron une confiance qui allait jusqu'à la soumission : il lui laissa un pouvoir absolu dans le gouvernement intérieur du royaume, et s'en remit à lui sans réserve sur tout ce qui regardait les négociations avec le Czar; il lui recommanda surtout de presser les conférences de l'île d'Alan.

En effet, dès que Goërtz eut achevé à Stockholm les arrangemens des finances qui demandaient sa présence, il partit pour aller consommer avec le ministre du Czar, le grand ouvrage qu'il avait entamé.

Voici les conditions préliminaires de cette alliance, qui devait changer la face de l'Europe, telles qu'elles furent trouvées dans les papiers de Goërtz, après sa mort.

Le Czar, retenant pour lui toute la Livonie, et une partie de l'Ingrie et de la Carelie, rendait à la Suède tout le reste; il s'unissait avec Charles XII, dans le dessein de rétablir le roi Stanislas sur le trône de Pologne, et s'engageait à rentrer dans ce pays avec quatre-vingt mille moscovites, pour détrôner ce même roi Auguste, en faveur duquel il avait fait dix ans la guerre. Il fournissait au roi de Suède les vaisseaux nécessaires pour transporter dix milles suédois en Angleterre, et trente mille en Allemagna : les forces réunies de Pierre et de Charles, devaient attaquer le roi d'Angleterre dans ses Etats de Hanovre, et surtout dans Brême et Verden; les mêmes troupes auraient servi à rétablir le duc de Holstein, et forcé le roi de Prusse à accepter un traité, par lequel on lui ôterait une partie de ce qu'il avait pris. Charles en usa dès-lors comme si ses armées victorieuses, renforcées de celles du Czar, avaient déjà exécuté tout ce qu'on méditait. Il fit demander hautement à l'empereur d'Allemagne l'exécution du traité d'Alt-Randstadt. A peine la cour de Vienne daigna-t-elle répondre à la proposition d'un prince dont elle croyait n'avoir rien à craindre.

Le roi de Pologne eut moins de sécurité; il vit l'orage qui grossissait de tous les côtés. La noblesse polonaise était confédérée contre lui; et depuis son rétablissement, il lui fallait toujours ou combattre ses sujets, ou traiter avec eux. Le Czar, médiateur à craindre, avait cent galères auprès de Dantzick, et quatre-vingt mille hommes sur les frontières de Pologne. Tout le nord était en jalousies et en alarme. Flemming, le plus défiant de tous les hommes, et celui dont les puissances voisines devaient le plus se défier, soupçonna le premier les desseins du Czar et ceux du roi de Suède, en faveur de Stanislas. Il voulut le faire enlever dans le duché de Deux-Ponts, comme on avait saisi Jacques Sobiesky en Silésie. Saissan, un de ces Français entreprenans et inquiets, qui vont tenter la fortune dans les pays étrangers, avait amené depuis peu quelques partisans, Français comme lui, au service du roi de Pologne. Il communiqua au ministre Flemming un projet, par lequel il répondait d'aller avec trente officiers français déterminés, enlever Stanislas dans son palais, et de l'amener prisonnier à Dresde. Le projet fut approuvé. Ces entreprises étaient alors assez communes. Quelques-uns de ceux qu'en Italie on appelle braves, avaient fait des coups pareils dans le Milanez, durant la dernière guerre entre l'Allemagne et la France. Depuis même, plusieurs Français réfugiés en Hollande, avaient osé pénétrer jusqu'à Versailles dans le dessein d'enlever le dauphin, et s'étaient saisis de la personne du premier écuyer, presque sous les fenêtres du château de Louis XIV.

Saissan disposa donc ses hommes et ses relais, pour surprendre et pour enlever Stanislas. L'entreprise fut découverte la veille de l'exécution. Plusieurs se sauvèrent, quelques-uns furent pris. Ils ne devaient point s'attendre à être traités comme des prisonniers de guerre, mais comme des bandits. Stanislas, au lieu de les punir, se contenta de leur faire quelques reproches pleins de bonté. Il leur donna même de l'argent pour se conduire, et montra, par cette bonté généreuse, qu'en effet Auguste son rival avait raison de le craindre.

Cependant, Charles partit une seconde fois pour la conquête de la Norwège, au mois d'octobre 1718; il avait si bien pris toutes ses mesures, qu'il espérait se rendre maître en six mois de ce royaume. Il aima mieux aller conquérir des rochers au milieu des neiges et des glaces, dans l'âpreté de l'hiver, qui tue les animaux en Suède même, où l'air est moins rigoureux, que d'aller reprendre ces belles provinces d'Allemagne, des mains de ses ennemis. C'est qu'il espérait que sa nouvelle alliance avec le Czar le mettrait bientôt en état de ressaisir toutes ses provinces; bien plus, sa gloire était flatté d'enlever un royaume à son ennemi victorieux.

A l'embouchure du fleuve Tistendall, près de la manche de Danemarck, entre les villes de Bahus et d'Anslo, est située Frédérichshall, place forte et importante, qu'on regardait comme la clef du royaume. Charles en forma le siége au mois de décembre. Le soldat transi de froid, pouvait à peine remuer la terre endurcie sous la glace; c'était ouvrir la tranchée dans une espèce de roc; mais les Suédois ne pouvaient se rebuter en voyant à leur tête un Roi qui partageait leurs fatigues. Jamais Charles n'en essuya de plus grandes. Sa constitution éprouvée par dix-huit ans de travaux pénibles, s'était fortifiée au point qu'il dormait en plein champ en Norwège, au cœur de l'hiver, sur de la paille ou sur une planche, enveloppé seulement d'un manteau, sans que sa santé en fût altérée. Plusieurs de ses soldats tombaient morts de froid dans leurs postes; et les autres presque gelés, voyant leur Roi qui souffrait comme eux, n'osaient proférer une plainte. Ce fut quelque temps avant cette expédition, qu'ayant entendu parler en Scanie, d'une femme nommée Johns Dotter, qui avait vécu plusieurs mois sans prendre d'autre nourriture que de l'eau, lui qui s'était étudié toute sa vie à supporter les plus extrêmes rigueurs que la nature humaine peut soutenir, voulut essayer encore combien de temps il pourrait supporter la faim sans en être abattu. Il passa cinq jours entiers sans manger ni boire; le sixième au matin, il courut deux lieues à cheval, et descendit chez le prince de Hesse son beau-frère, où il mangea beaucoup, sans que ni une abstinence de cinq jours l'eût abattu, ni qu'un grand repas à la suite d'un si long jeûne l'incommodât.

Avec ce corps de fer, gouverné par une âme si hardie et si inébranlable, dans quelque état qu'il pût être réduit, il n'avait point de voisin auquel il ne fût redoutable.

Le onze décembre 1718, jour de St.-André, il alla sur les neuf heures du soir, visiter la tranchée; et ne trouvant pas la parallèle assez avancée à son gré, il parut très-mécontent. M. Mégret, ingénieur français, qui conduisait le siége, l'assura que la place serait prise dans huit jours: Nous verrons, dit le Roi, et il continua de visiter les ouvrages avec l'ingénieur. Il s'arrêta dans un endroit où le boyau faisait un angle avec la parallèle; il se mit à genoux sur le talus intérieur, et appuyant ses coudes sur le parapet, resta quelque temps à considérer les travailleurs qui continuaient les tranchées à la lueur des étoiles.

Les moindres circonstances deviennent essentielles; quand il s'agit de la mort d'un homme tel que Charles XII; ainsi je dois avertir que toute la conversation que tant d'écrivains, et même M. de la Motraye, ont rapportée, entre le Roi et l'ingénieur Mégret, est absolument fausse. Voici ce que je sais de véritable sur cet événement.

Le Roi était exposé presqu'à mi-corps à une batterie de canon, pointée vis-à-vis l'angle où il était; il n'y avait alors auprès de sa personne que deux Français : l'un était M. Siquier, son aide de camp, homme de tête et d'exécution, qui s'était mis à son service, en Turquie, et qui était particulièrement attaché au prince de Hesse : l'autre était cet ingénieur. Le canon tirait sur eux à cartouche; mais le Roi qui se découvrait davantage était le plus exposé. A quelques pas derrière, était le comte Swerin, qui commandait la tranchée. Le comte Posse, capitaine aux gardes, et un aide de camp nommé Kulbert, recevaient des ordres de lui. Siquier et Mégret virent dans ce moment le roi de Suède qui tombait sur le parapet en faisant un grand soupir; ils s'approchèrent, il était déjà mort. Une balle pesant une demi-livre l'avait atteint à la tempe droite, et avait fait un trou dans lequel on pouvait enfoncer trois doigts; sa tête était renversée sur le parapet, l'œil gauche était enfoncé, et le droit entièrement hors de son orbite. L'instant de sa blessure avait été celui de sa mort; cependant il avait eu la force, en expirant d'une manière si subite, de mettre par un mouvement naturel la main sur la garde de son épée, et était encore dans cette attitude. A ce spectacle, Mégret, homme singulier et indifférent, ne dit autre chose, sinon : *Voilà la pièce finie, allons souper.* Siquier court sur-le-champ avertir le comte Swerin. Ils résolurent ensemble de dérober la connaissance de cette mort aux soldats, jusqu'à ce que le prince de Hesse en pût être informé. On enveloppa le corps d'un manteau gris : Siquier mit sa perruque et son chapeau sur la tête du Roi; en cet état, on transporta Charles sous le nom du capitaine Carlsberg, au travers des troupes qui voyaient passer leur Roi mort, sans se douter que ce fût lui.

Le prince ordonna à l'instant que

personne ne sortît du camp, et fit garder tous les chemins de la Suède, afin d'avoir le temps de prendre ses mesures pour faire tomber la couronne sur la tête de sa femme, et pour en exclure le duc de Holstein qui pouvait y prétendre.

Ainsi périt à l'âge de trente-six ans et demi Charles XII, roi de Suède, après avoir éprouvé ce que la prospérité a de plus grand, et ce que l'adversité a de plus cruel, sans avoir été amolli par l'une ni ébranlé un moment par l'autre. Presque toutes ses actions, jusqu'à celles de sa vie privée et unie, ont été bien loin au-delà du vraisemblable. C'est peut-être le seul de tous les hommes, et jusqu'ici le seul de tous les Rois, qui ait vécu sans faiblesse; il a porté toutes les vertus des héros à un excès où elles sont aussi dangereuses que les vices opposés. Sa fermeté, devenue opiniâtreté, fit ses malheurs dans l'Ukraine, et le retint cinq ans en Turquie; sa libéralité dégénérant en profusion, a ruiné la Suède; son courage poussé, jusqu'à la témérité, a causé sa mort; sa justice a été quelquefois jusqu'à la cruauté, et dans les dernières années, le maintien de son autorité approchait de la tyrannie. Ses grandes qualités, dont une seule eût pu immortaliser un autre prince, ont fait le malheur de son pays. Il n'attaqua jamais personne; mais il ne fut pas aussi prudent qu'implacable dans ses vengeances. Il a été le premier qui ait eu l'ambition d'être conquérant, sans avoir l'envie d'agrandir ses États; il voulait gagner des Empires pour les donner. Sa passion pour la gloire, pour la guerre et pour la vengeance, l'empêcha d'être bon politique, qualité sans laquelle on n'a jamais vu de conquérant. Avant la bataille et après la victoire, il n'avait que de la modestie; après la défaite, que de la fermeté: dur pour les autres comme pour lui-même, comptant pour rien la peine et la vie de ses sujets, aussi bien que la sienne ; homme unique plutôt que grand homme, et admirable plutôt qu'à imiter. Sa vie doit apprendre aux Rois combien un gouvernement pacifique et heureux est au-dessus de tant de gloire.

Charles XII était d'une taille avantageuse et noble ; il avait un très-beau front, de grands yeux bleus remplis de douceur, un nez bien formé ; mais le bas du visage désagréable, trop souvent défiguré par un rire fréquent qui ne partait que des lèvres, presque point de barbe ni de cheveux. Il parlait très-peu, et ne répondait souvent que par ce rire dont il avait pris l'habitude. On observait à sa table un silence profond. Il avait conservé dans l'inflexibilité de son caractère, cette timidité qu'on nomme mauvaise honte. Il eût été embarrassé dans une conversation, parce que s'étant donné tout entier aux travaux et à la guerre, il n'avait jamais connu la société. Il n'avait lu, jusqu'à son loisir chez les Turcs, que les Commentaires de César et l'histoire d'Alexandre; mais il avait écrit quelques réflexions sur la guerre et sur ses campagnes depuis 1700 jusqu'à 1709. Il l'avoua au chevalier de Follard, et lui dit que ce manuscrit avait été perdu à la malheureuse journée de Pultava.

A l'égard de sa religion, quoique les sentimens d'un prince ne doivent pas influer sur les autres hommes, et que l'opinion d'un monarque aussi peu instruit que Charles, ne soit d'aucun poids dans ces matières, cependant il faut satisfaire sur ce point comme sur le reste, la curiosité des hommes qui ont eu les yeux ouverts sur tout ce qui regarde ce prince. Je sais de celui qui m'a confié les principaux mémoires de cette histoire, que Charles XII fut luthérien de bonne foi jusqu'à l'année 1707. Il vit alors à Leipsick le fameux philosophe

M. Leibnitz, qui pensait et parlait librement, et qui avait déjà inspiré ses sentimens libres à plus d'un prince. Charles XII puisa dans la conversation de ce philosophe beaucoup d'indifférence pour le luthéranisme. Depuis, ayant eu chez les Turcs plus de loisir encore, et ayant vu plus de diverses religions, il étendit plus loin son indifférence. Il ne conserva de ses premiers principes que celui d'une prédestination absolue, dogme qui favorisait son courage, et qui justifiait ses témérités. Le Czar avait les mêmes sentimens que lui sur la religion et sur la destinée; mais il en parlait plus souvent; car il s'entretenait familièrement de tout avec ses favoris, et avait par-dessus Charles l'étude de la philosophie, et le don de l'éloquence.

Je ne puis me défendre de parler ici d'une calomnie renouvelée trop souvent à la mort des princes, que les hommes malins et crédules prétendent toujours avoir été ou empoisonnés ou assassinés. Le bruit se répandit alors en Allemagne que c'était M. Siquier lui-même qui avait tué le roi de Suède. Ce brave officier fut long-temps désespéré de cette calomnie : un jour en m'en parlant, il me dit ces propres paroles : *J'aurais pu tuer le roi de Suède ; mais tel était mon respect pour ce héros, que si je l'avais voulu, je n'aurais pas osé.*

Après la mort du Roi, on leva le siége de Frédérichshall. Les Suédois, plus accablés que flattés de la gloire de leur prince, ne songèrent qu'à faire la paix avec leurs ennemis, et à réprimer chez eux la puissance absolue dont le baron de Goërtz leur avait fait éprouver l'excès. Les États élurent librement pour leur reine la princesse, sœur de Charles XII, et l'obligèrent solennellement de renoncer à tout droit héréditaire sur la couronne, afin qu'elle ne la tînt que des suffrages de la nation. Elle promit, par des sermens réitérés, qu'elle ne tenterait jamais de rétablir le pouvoir arbitraire : elle sacrifia depuis la jalousie de la royauté à la tendresse conjugale, en cédant la Couronne à son mari ; et elle engagea les États à élire ce prince, qui m nta sur le trône aux mêmes conditions qu'elle.

Le baron de Goërtz, arrêté immédiatement après la mort de Charles, fut condamné par le sénat de Stockholm à avoir la tête tranchée au pied de la potence de la ville ; exemple de vengeance, peut-être encore plus de justice, et affront cruel à la mémoire d'un Roi que la Suède admire encore.

FIN DU SECOND ET DERNIER VOLUME.

TABLE.

TOME PREMIER.

LIV. I. *Histoire abrégée de la Suède jusqu'à Charles XII. — Son éducation ; ses ennemis. — Caractère du czar Pierre Alexiowits. — Particularités très-curieuses sur ce prince et sur la nation Russe. — La Moscovie, la Pologne et le Danemarck se réunissent contre Charles XII*, page 7

II. *Changement prodigieux et subit dans le caractère de Charles XII. — A l'âge de dix-huit ans il soutient la guerre contre le Danemarck, la Pologne et la Moscovie; termine la guerre de Danemarck en six semaines ; défait quatre-vingt mille Moscovites avec huit mille Suédois, et passe en Pologne. — Description de la Pologne et de son gouvernement. — Charles gagne plusieurs batailles, et est maître de la Pologne; où il se prépare à nommer un Roi.* 62

III. *Stanislas Leczinski élu roi de Pologne. — Mort du cardinal-primat. — Belle retraite du général Schullembourg. — Exploits du Czar. — Fondation de Pétersbourg. — Bataille de Frauenstadt. — Charles entre en Saxe. — Paix d'Alt-Randstadt. — Auguste abdique la couronne, et la cède à Stanislas. — Le général Patkul, plénipotentiaire du Czar, est roué et écartelé. — Charles reçoit en Saxe des ambassadeurs de tous les princes; il va seul à Dresde voir Auguste avant de partir.* 159

IV. *Charles, victorieux, quitte la Saxe, poursuit le Czar, s'enfonce dans l'Ukraine. — Ses pertes. — Sa blessure. — Bataille de Pultava. — Suites de cette bataille. — Charles réduit à fuir en Turquie. — Sa réception en Bessarabie.* 243

TOME SECOND.

V. *Etat de la Porte Ottomane. — Charles séjourne près de Bender. — Ses occupa-*

nons; ses intrigues à la Porte; ses desseins. — Auguste remonte sur son trône. — Le roi de Danemarck fait une descente en Suède. — Tous les autres États de Charles sont attaqués. — Le Czar triomphe dans Moscou. — Affaire du Pruth. — Histoire de la Czarine, paysanne devenue impératrice, page 7

VI. *Intrigues à la Porte Ottomane. — Le kan des Tartares et le bacha de Bender veulent forcer Charles de partir. — Il se défend avec quarante domestiques contre une armée. — Il est pris et traité en prisonnier.* 83

VII. *Les Turcs transfèrent Charles à Démirtash. — Le roi Stanislas est pris dans le même temps. — Action hardie de M. de Villelongue. — Révolutions dans le serail. — Batailles données en Poméranie. — Altena brûlé par les Suédois. — Charles part enfin pour retourner dans ses États. — Sa manière étrange de voyager. — Son arrivée à Stralsund. — Disgrâce de Charles. — Succès de Pierre-le-grand. — Son triomphe dans Pétersbourg.* 148

VIII. *Charles marie la princesse sa sœur au prince de Hesse. — Il est assiégé dans Stralsund, et se sauve en Suède. — Entreprises du baron de Goërtz, son premier ministre. — Projet d'une réconciliation avec le Czar, et d'une descente en Angleterre. — Charles assiège Frédérichshal, en Norwège. — Il est tué. Son caractère. — Goërtz est décapité.* 215

FIN.

www.ingramcontent.com/pod-product-compliance
Lightning Source LLC
LaVergne TN
LVHW011948220826
846092LV00001B/121